普通高等学校教师流动困境、影响因素及改善途径研究

杨燕楠／著

九州出版社
JIUZHOUPRESS

图书在版编目（CIP）数据

普通高等学校教师流动困境、影响因素及改善途径研究 / 杨燕楠著.
-- 北京：九州出版社，2025. 4
　ISBN 978-7-5225-3800-6

Ⅰ. G645.12

中国国家版本馆 CIP 数据核字第 2025JM8652 号

普通高等学校教师流动困境、影响因素及改善途径研究

作　　者	杨燕楠
责任编辑	赵恒丹
出版发行	九州出版社
地　　址	北京市西城区阜外大街甲 35 号（100037）
发行电话	(010)68992190/3/5/6
网　　址	www.jiuZhoupress.com
电子信箱	jiuzhou@jiuzhoupress.com
印　　刷	三河市悦鑫印务有限公司
开　　本	710 毫米 ×1000 毫米　16 开
印　　张	12.5
字　　数	220 千字
版　　次	2025 年 4 月第 1 版
印　　次	2025 年 5 月第 1 次印刷
书　　号	ISBN 978-7-5225-3800-6
定　　价	78.00 元

PREFACE

前　言

改革开放至今，中国社会发生了深刻变革，市场机制对我国经济社会生活以及资源配置的影响程度日益提高。过去计划经济体制下相对封闭、稳定的人事管理体制的缺陷越来越明显，制约了人力资源的优化配置，造成了人力资源的浪费。现代人力资源管理模式的出现为人才流动奠定了制度基础，人力资源的流动提高了人力资源配置效率，也优化了我国总体的人力资源配置。2019年12月26日，中共中央办公厅、国务院办公厅发布《关于促进劳动力和人才社会性流动体制机制改革的意见》，明确说明"合理、公正、畅通、有序的社会性流动，是经济持续健康发展的有力支撑，是社会和谐进步的重要标志，是实现人的全面发展的必然要求"。从高等教育领域来看，高校教师流动是社会流动的重要表现形式之一，合理有序的高校教师流动不仅对于高等教育健康发展具有重要作用，而且对于促进社会经济持续健康发展，乃至实现人的全面发展也具有重要价值。在这样的宏观背景下，我国普通高等学校（以下简称"高校"）教师流动的市场化机制逐渐确立。与此同时，伴随着我国市场化流动渠道不断拓宽，学术劳动力市场逐步建立并日趋完善，高校教师开始拥有了更多自主选择职业和岗位的机会。进入21世纪后，随着我国高等教育扩招、"211工程"和"985工程"的实施，以及本科教学评估、"双一流"建设等工作的开启，各所高校对于人才的渴求不断攀升，对于人才的竞争也日趋激烈，高校教师流动呈现不断增速的趋势。但是，目前我国高等教育领域中仍然缺乏有效针对高校教师流动的管理体系，导致高校教师在流动过程中出现了许多不合理的现象，不仅扰乱了学术劳动力市场的正常秩序，而且对于我国高等教育的健康发展也存在着不容忽视的负面影响。那么，我国高校教师流动表现出了哪些基本特征？高校教师流动陷入了何种困境之中？高校教师流动的影响因素有哪些？如何有效消解我国高校教师流动困境？这一系列问题构成了本书的研究主题。

本书对改革开放以来我国高校教师流动历程和特点，以及21世纪以来我国高校教师流动政策的发展历程和演进逻辑进行了梳理与分析。同时，为了能够较为全面地了解我国高校教师流动的基本特征和存在的现实困境，本书通过分层抽样法及从各高校官网收集高校教师的简历信息，建立起本研究的"高校教师流动样本数据库"。基于此数据库，笔者通过量化分析手段分析了我国高校教师流动的基本特征和困境。影响我国高校教师流动的因素是多元而复杂的，在影响高校教师流动的各类因素中，有些是容易造成高校教师流动困境的因素或潜在因素。了解高校教师流动影响因素对于改善我国高校教师流动现状具有积极意义。为了能够更加全面而深入地了解我国高校教师流动影响因素，本书选择从微观层面、中观层面和宏观层面三个维度进行探究。最后，本书在调查与分析结果的基础上，提出我国高校教师流动困境改善的原则和对策。高校教师流动困境改善应遵循"学术本位，自由选择；政府引导，市场参与"的原则。在此原则的指导下，我国需要从政策调整、学术劳动力市场机制调整、高校组织制度调整以及教师的个体自律几个方面改进，不断促进高校教师合理有序流动。

目　录

第一章

绪 论

一、高校教师流动研究的背景

"百年大计，教育为本。教育大计，教师为本。"[1]国际竞争的实质是人才的竞争，人才培养的基础在于教育，高校是人才培养的重要输出终端，因而被称作"现代社会发展的动力站"。对于高校而言，其核心资源是教师，组建优秀的教师队伍是高校人事管理的关键任务之一。伴随着我国高等教育管理体制的不断完善、学术劳动力市场的不断发展，传统的师资配置模式早已被打破，高校教师流动渠道日渐畅通。在高等教育飞速发展的今天，高校教师作为重要的人力资源，其自身受到的重视程度和各高校对其需求程度都在不断攀升。进入21世纪，我国高等教育事业蓬勃发展，高等教育领域对于人才的渴求程度日趋增加，高校教师的流动率随之提高，学术劳动力市场呈现出从未有过的繁荣景象。高校教师的自由流动在给教师自身带来更多发展机遇的同时，也对高等教育事业甚至社会发展产生了重要影响。近年来，高校教师流动问题逐渐成为我国教育领域的一个研究热点，针对高校教师流动问题的研究符合我国高等教育事业发展的现实要求以及优化高校师资队伍的实际需要，同时顺应了我国高校人事管理制度的改革走向。

（一）国家政策关注高校教师流动，需要重视

从中华人民共和国成立初期到改革开放前，我国高等教育领域内的人事管理模式表现为由国家进行统一管理。在这一管理模式下，我国高校教师自由流动的权利相对较小，教师流动是由政府统一进行管理的。在当时的社会背景下，这种由政府统一调配的人事管理模式具有一定程度的合理性。但是，随着社会的不断发展，这种管理模式逐渐开始无法适应新的高等教育发展需要。改革开放后，高校人事管理的客观环境开始逐渐发生变化，市场机制逐步替代计划经济体制，成为人力资源调配、平衡劳动力供求关系的重要因素。教育领域中市场化改革的作用日益凸显，高校教师开始突破计划经济体制下人事管理的约束，拥有了自主择业的机会和条件。

在市场经济环境中，人流是物流的前提，只有通过人的有效流动才能带动资源的合理配置。高等教育领域也是如此，高校教师流动有助于优化师资队伍结构，有利于充分发挥人才潜能，在高校内部形成良性的学术系统，进而促进组织内部

的学科发展和学术繁荣。在这样的背景下，高校教师流动是必然的，这也是高校人力资源实现人尽其才、才尽其用的重要途径。而国家陆续出台的一系列鼓励人才流动的政策，也一定程度上刺激了我国学术劳动力市场的发展，促进了我国高校教师的流动。例如，2002 年出台的《2002—2005 年全国人才队伍建设规划纲要》中就明确指出要建立人才统计指标体系，探索不同的人才流动形式；2003年颁布的《中共中央国务院关于进一步加强人才工作的决定》中提出要确保人才流动的开放性和有序性。2010 年 6 月，《国家中长期人才发展规划纲要（2010—2020 年）》颁布，提出要依据市场经济规律和人才发展规律，鼓励科技人才顺畅、有序流动。需要注意的是，随着我国高校教师流动的不断加速，一些不合理的、无序的流动现象开始显现。为促进高校教师合理有序流动，政府开始出台相关政策对高校教师流动行为进行规范，如 2020 年 12 月出台的《教育部等六部门关于加强新时代高校教师队伍建设改革的指导意见》中明确提出，必须坚决杜绝不按规定引进人才。此外，在当前"双一流"建设背景下，高层次人才作为高校间竞相争夺的重要对象，引发了许多为争才导致的无序流动现象。对此，国家还出台了专门针对高层次人才流动的政策文件，如 2017 年 1 月出台的《关于坚持正确导向促进高校高层次人才合理有序流动的通知》，明确提出高校间不可以将高薪酬高待遇作为抢挖人才的手段。这些政策的出台为我国高校教师的自由有序流动提供了有力的制度保障。

（二）高校教师流动呈现增速趋势，需要正视

进入 21 世纪，我国高校教师流动呈现出逐渐增速的趋势。2000—2004 年，我国高校教师流动人数占高校教师人数的 40.6%，远高于 21 世纪以前的水平。高校教师流动不断攀升是由多方面原因造成的。从高等教育领域内部来看，一些国际性的研究结果表明，学术系统从精英化过渡到大众化、大众化过渡到普及化过程中，均会有较大规模的高校教师流动现象相伴出现 [2]。1999 年，国务院转批了教育部《面向 21 世纪教育振兴行动计划》，此后我国各高校开始扩大招生规模，加快了我国高等教育的发展速度。截至 2002 年，我国高等教育的毛入学率为 15%，进入高等教育的大众化发展时期；截至 2019 年，我国高等教育毛入

学率已经达到了 51.6%，进入国际公认的高等教育普及化阶段。我国高等教育体量的快速扩大也引发了大规模的高校教师流动。此外，高等教育规模不断提升、教师聘用制度改革不断深入、"211 工程"和"985 工程"的实施、"双一流"建设等政策的陆续出台，不断刺激着我国学术劳动力市场，大批量、高强度引进人才成为高校调整教师学历结构和学科结构、提高院校声望、应对高等教育竞争的现实选择，客观上对高校教师的快速流动起到了较强的促进作用。此外，在当今社会竞争就是人才竞争的理念下，高等教育领域外的各个行业对人才的争夺日趋激烈。为了在当前市场中稳稳立足，一些企业、社会组织开始不断招聘专业能力强的教师，这也造成了我国高校教师的频繁流动。无论是高等教育领域内，还是其他行业，其对人才的竞争都不同程度地影响着高校教师择业观，他们既要追求自身未来良好的发展，也在追求更加优厚的待遇，如果发现现有工作不能够满足自身发展需要，或发觉当前所获得的待遇不公平时，就会通过流动改变现状。

高校教师的有序流动有助于推动知识传授、学术生产及社会服务功能的发展，促进高等教育系统、学术共同体、高校和师资结构良性循环系统的生成。然而，在我国高校教师流动不断加速的现实情况下，相伴而生的是高校教师流动乱象频频发生，学术劳动力市场的正常秩序被打乱，需要对高校教师流动秩序进行规范，避免教师无序流动现象的加剧。

（三）高校教师流动存在不合理现象，需要规范

学术系统发展的本质表明：为促进学术交流和创新，确保学术资源的配置合理化，学术劳动力必须进行学术劳动交换[3]。在封闭的学术体系中，教师流动处于停顿状态，无法进行有效的学术劳动交换，学术系统发展受阻；而在开放的学术系统中，知识传授、学术生产、社会服务直接导致学术系统活动方式和学术结构的变化，并深刻影响着学术系统的发展。

高校教师的合理有序流动在理论上可以促进价值创造，调节供需矛盾，营造高质量的学术生态[4]，提高高等教育质量，优化教师人力资源配置，增强国家的核心竞争力[5]。但是，伴随着我国高校教师流动规模的加大、流动频率的加快，

一些不合理的流动现象频繁出现。比如"高薪抢人"是当前许多高校和地方政府为引进人才最常用但也存在诸多不足的方式。各类拥有学术头衔的人才数量是高校各项评估的重要指标，因此，高校间对于拥有"头衔"人才的争夺十分激烈。莱纳（Dohlman Lena）[6]在2019年的一项研究发现，经济安全对于人才流动具有重要的驱动作用。在实践中，许多高校尝试通过经济激励措施吸引人才，一些高校以超高价吸引高层次人才，部分高校和地方政府甚至以"三不政策"和"三高政策"①为条件引进各类人才，造成一些学科带头人置与原高校签订的人事合同于不顾，直接离开原工作单位。这种只考虑头衔不考虑引进对象与组织匹配度的做法，不但极易造成人才浪费，而且会强化高校对于人才"重外引轻内培"非良性路径的依赖，不利于构建良好的学术生态。此外，一些高校在将优秀人才通过优厚待遇引进来后，因为不能提供适合其科研能力的学术环境，造成了人才浪费的不良现象。而且，高校将有限的财政经费用于引进高层次人才上，容易导致教师薪酬差距不断拉大，使教师产生强烈的心理落差[7]。再者，我国各地区经济发展的不平衡造成了高校教师从欠发达地区向发达地区的单向流动趋势十分明显。长此以往，这种单向流动会不断加剧强者愈强、弱者愈弱的"马太效应"，有碍我国高等教育结构布局的优化调整，也不利于高等教育均衡发展。

高校教师合理有序流动对于高等教育领域中人力资源优化配置具有积极作用，属于正和博弈。但恶性竞争引发的流动乱象可能引发零和博弈，甚至是负和博弈。高校教师流动中出现的种种无序现象不仅进一步提高了人才价码和办学成本，而且加剧了区域间教育的不平等，长期下去还会对高校办学风气和高等教育生态产生强烈的不良影响，不利于高校师资队伍建设和学术创新，其最终结果不会对国家人才总量产生增益效果。对此，我国高校教师如何走出流动的现实困境，实现合理有序流动，是目前高等教育领域面临的一个重要问题，也是本研究所要解决的核心问题。围绕这一核心问题，本研究利用定性与定量相结合的研究方法，分析我国高校教师的流动现状与流动困境、影响高校教师流动的各类

---

① "三不政策"指不要档案、不要户口、不要人事关系；"三高政策"指高工资、高福利、高待遇。

因素，找出造成高校教师流动现实困境的原因，最后提出我国高校教师流动困境改善的原则与对策，为促进我国高校教师的合理有序流动提供参考依据与研究支持。

二、高校教师流动研究的现状

1958年，开普勒和麦吉（Caplow & McGee）所著《学术市场》一书正式出版，标志着高校教师流动研究的开始。该书尝试回答"美国大学中的好教师是否流失"[8]这一问题。此项研究主要针对美国的9所研究型高校人文学科教师流动的情况进行了深入调查，调查内容包括流动与教师年龄、职称、机构声望、自愿离职、经济原因等方面之间的影响关系。在此后的研究中，研究者在研究样本的选取、研究方法的使用及研究结论等方面与该书存在一定差异，但是研究范围基本都遵循该书的主要框架[9]，可以说该书在高校教师流动研究领域发挥了十分重要的作用。对已有的研究进行全面、系统的梳理，评估已有研究成果，明确该领域当前仍需解决的问题，并确立后续的研究方向，是研究工作顺利进行的重要前提。截至目前，关于高校教师流动问题的研究已经愈来愈多，研究视角、研究方法等也日益多元。著者对高校教师流动相关研究进行了梳理和客观评价，以明确本书的研究思路，为研究提供理论及现实依据。

本研究关注的核心内容是我国普通高等学校教师的流动问题，所以在文献梳理过程中更加侧重我国高校教师流动的相关研究成果。为了能够更加全面地了解我国高校教师流动研究的情况，笔者首先利用了可视化分析软件 Citespace V 对我国高校教师流动研究的相关文献进行可视化分析。利用中国期刊网全文数据库，分别输入"高校教师流动""高校教师流失""高校人才流动"和"高校人才流失"几个主题词进行检索，检索时间跨度为1985年至2022年，共检索到相关文献355篇，年发文趋势如图1-1所示。20世纪末期以前，我国关于高校教师流动研究的发文量非常少，进入21世纪之后开始逐年攀升，在这期间我国关于高校教师流动研究发文量出现了四个峰值。这说明进入21世纪后，随着我国高校教师流动更加自由，学术劳动力市场化平台不断发展完善，高校教师流动问题也随之出现，故针对高校教师流动的研究随之增加。

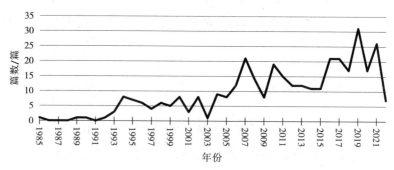

图 1-1　高校教师流动发文趋势

　　著者利用可视化分析软件 Citespace V 对收集到的 355 篇文献进行聚类分析，通过运行软件最终获得了 14 项聚类结果，整理后发现我国关于高校教师流动研究的问题主要聚焦在以下九类：一是对于当前市场经济环境下高校教师流动现状的研究；二是针对我国高校教师流动倾向的研究；三是对于如何有效促进我国高校教师有序流动的研究；四是针对高校教师流动影响因素的研究；五是研究高校中青年教师群体的流动问题；六是对高校教师流动背景下职务结构变化情况的研究；七是对高校人才流失的研究；八是对高校教师国际流动的研究；九是对于高校教师中隐性流失群体的研究。

　　由于不同时期我国社会发展、经济发展、高等教育发展情况存在差异，高校教师在每个时期的流动情况也不尽相同，这就使得每一阶段研究者对高校教师流动问题研究的着眼点也存在差异。利用 Citespace V 软件的关键词突现功能，能够观察到不同时间节点我国关于高校教师流动研究重点的具体变化情况。运行 Citespace V 软件后，得到关键词突现图（图 1-2）。1993—1999 年，关于市场经济体制下高校教师流动问题研究开始受到重视。20 世纪 80 年代末至 90 年代末，我国高校教师流动市场化环境初步形成，教师的流动渠道不断拓宽[10]，流动速度开始加快，这一现象引起了学界关注，相关研究开始增加。2012 年后关于高校教师流动的研究开始趋于多元。2012—2018 年，关于学术职业流动、学术劳动力市场方面的研究成为热点。2015 年，关于高校教师流动影响因素、针对民办高校教师流动的研究开始受到学术界的重视。2018 年开始，针对"双一流"建设背景下高校教师流动以及高校教师流动治理方面的研究逐渐增多。

前13个引用突发性最强的关键词

关键词	年份	强度	突现年份	突现结束年份	1985-2022
人才流动	1985	6.06	1989	2002	
市场经济	1985	6.21	1993	1999	
教师待遇	1985	3.07	1993	1996	
流失	1985	3.25	1998	2004	
流动	1985	3.43	2002	2010	
教师	1985	2.83	2007	2011	
高校教师	1985	4.89	2008	2010	
流动机制	1985	2.62	2008	2016	
学术职业	1985	4.78	2012	2016	
影响因素	1985	4.84	2015	2020	
民办高校	1985	4.84	2015	2020	
双一流	1985	3.24	2018	2020	
治理	1985	2.89	2020	2022	

图 1-2 高校教师流动研究突现词图谱

综上所述，通过可视化分析，发现我国关于高校教师流动的研究在 21 世纪后开始逐渐受到学界重视，随着研究数量不断增多，研究问题也不断多元。根据本文的研究需要，以下将围绕高校教师流动的相关研究和相关理论进行梳理和讨论。

（一）有关高校教师流动的研究

根据本书所要研究的问题，著者关于高校教师流动研究的文献梳理主要围绕高校教师流动概念、高校教师流动困境、高校教师流动影响因素、高校教师流动影响因素模型以及走出高校教师流动困境策略的研究进行。

1. 高校教师流动概念的研究

不同学者在研究高校教师流动问题时所选择的研究视角不同，所以对于高校教师流动的概念理解也不尽相同。大多数研究者主要从社会学角度定义高校教师流动的概念。如王慧英[11]、戴建波[12]认为高校教师流动具有自然属性和社会属性。高校教师流动的自然属性意味着教师的生活地点、工作场所或者所在岗位等发生了变化，但是这种变化未能引发教师社会地位和原本角色的变化。高校教师流动的社会属性意味着教师在结构性网络关系中的社会地位和社会角色发生转变。此外，高校教师流动也具有教育学意义，这种教育学意义是指教师通过参与各类学术交流，以达到实现其专业发展的目的。段从宇将高校教师描述为人力资源中高能力和高素质的劳动者，并将高校教师流动分成三种类型：第一，在同一组织内从一个岗位流动到其他岗位；第二，在高等教育领域内，教师在不同高校间流动，这种流动既包括同一地区中的不同高校间流动，也包括在不同地区间的高校进行流动；第三，高校教师在高等教育领域内和其他行业间的流动[13]。

此外，还有研究者分别从广义和狭义两方面来界定高校教师流动的概念。蒋国河从广义上讨论了高校教师流动的意义，指出高校教师流动就是教师在不同地域、不同行业或系统内的不同岗位间发生流动的现象[14]。靳希斌认为，教师流动包括符合高校任职要求者进入或是离开学术领域的过程以及高校教师从一所高校转移至下一所高校的过程[15]。这种解释不仅包括高校教师在高等教育领域内的流动，也包含高等教育领域与其他行业间的流动，是教师资源重新配置的一个过程。齐子萍将高校教师流动分为学校内流动与学校间流动、自愿流动和非自愿流动、系统内流动与系统间流动、在职流动和离职流动、有序流动和无序流动[16]。李友芝从狭义角度界定了高校教师流动的概念，她关注的是高等教育系统内的供需调节、资源分配及决策对于教师流动产生的影响，并指出高校教师流动就是教师从原所在岗位转移到其他岗位的过程[17]。谢延龙从社会发展及教师个体发展角度出发，指出教师流动是教育系统内部教师在不同的单位或者岗位间重新进行分配的过程[18]。总体来看，从广义角度和狭义角度对高校教师流动进行界定并无实质性不同，主要在于流动范围的差异。通常情况下，研究者为使研究更加聚焦，更多关注的是狭义上的高校教师流动。

2. 高校教师流动困境的研究

高校教师流动是一种常态现象，就像菲利普·G.阿特巴赫（Altbach P G.）教授所说的，这种流动并不新鲜，且已持续了相当长的一段时间[19]。就我国高校教师流动历史来看，改革开放初期教师流动以"出国风"现象为主，市场化浪潮下教师流动主要表现为"下海"和"孔雀东南飞"，致使进入21世纪后各个高校之间对于人才的竞争日趋激烈。在不同时期，我国高校教师流动显现出了不同的特点与困境。现下，在"双一流"建设的影响下，许多高校被动卷入"短平快"的绩效化竞争格局中[20]，通过各种手段争夺人才，高校教师流动出现了种种问题。

（1）高校"抢人大战"助长"职业跳槽者"的频繁流动

"双一流"建设工作的开启打破了过去对于高校身份终身化的认定规则，同时造成许多高校为了能够在"双一流"建设高校中获得或提升排名而进入疯狂抢人、挖人的恶性循环。一些依靠经济激励争抢人才的财力雄厚的高校和地方政府始终能够在人才大战中取得"胜利"[21]。优秀人才一旦入职，就会马上产生效果，如科研团队迅速成立、经费迅速到位、项目立即上马，学科和高校成绩十分显著。面对此种现象，董树军认为虽然高薪挖人能够吸引一些优秀人才，但也存在由于组织提供不了与其能力相匹配的团队和条件而造成人才浪费的风险。并且，高校将有限的经费用于引进人才，由此造成教师薪酬差距不断扩大，在职教师心态受到强烈冲击，不利于教师队伍的和谐稳定。对人才被挖走的高校来讲，不仅原本的学科链断裂，自行培养优秀人才的积极性也会受到严重挫伤[22]。

与此同时，高校利用高薪挖人的现象也助长了利益至上的"职业跳槽者"频频出现。刘金松指出，高校教师流动逐渐表现出工具合理性特征，这种工具合理性表现为若高校不能满足教师更大的需求或当组织策略出现变化时，流动现象就会发生，学术资本转而成为各利益主体的牟利工具，学术资源和成就成为教师流动的本钱[23]。"双一流"建设背景下，在许多高校和地方政府不断通过高薪方式"挖人"的过程中，一些持利益至上态度的"职业跳槽者"频频出现，他们为了得到更加丰厚的经济回报而频繁跳槽，每到一个新学校迅速拿项目、发论文。一旦聘期结束，他们会在续约时加价，若组织无法满足其需求就会立马离职，再次跳槽到另一所能够满足其需求的高校，置当前所在学科的发展于不顾。张茂聪等人对此做出了解释，认为即便是文化素养较高的高校教师也无法轻易跳出"理性人"假设，即高校教师从事的活动主要是自立的，他们也会追求个人利益的最大化[24]。

（2）高校教师单向流动趋势明显

张曦琳等人认为学术劳动力市场也存在二元分割现象，我国高校教师流动表现为区域和校际流动失衡问题，前者表现为发达地区与欠发达地区教师流入和流出差距不断拉大，后者表现为"双非"高校人才引进难、流失多的问题[25]。我国高校教师流动的这种地域上的单向性很早就表现了出来，20世纪80年代末我国高校教师流动就出现了"孔雀东南飞"的现象。从经济发展情况来看，我国地域十分辽阔，各地区的经济发展水平存在较大差异，这种经济发展的差异性在一定程度上导致高校教师流动长期呈现出从中西部地区向东部沿海地区流动的单向性特征[26]。此外，我国教师在高校间的单向流动性也同时存在。在"211工程"和"985工程"高校建设背景下，教师流动表现出从非"211工程"院校流向"211工程"院校、从"211工程"高校流向"985工程"院校的单向趋势。在当前"双一流"建设背景下，教师流动则表现为从"双非"高校向"双一流"建设高校的单向流动性[27]。所以，无论是"211""985"高校，还是当前的"双一流"建设高校，拥有更高声望的学校对于人才的吸引力都是较大的，这些高校往往成为吸引人才的高地。高校教师在地域和高校间的单向流动仍将长期存在，"马太效应"无法在短时间内消除。

（3）"显性流动"与"隐性流动"共存

"显性流动"是指教师与当前工作学校解除劳动合同，从原单位跳槽到新单位的现象。"隐性流动"是指部分教师在并未终止履行本职工作的同时，将很大一部分精力与时间投入其他事业的现象。高校工作是一份稳定但收入相对不高的职业，一些高校教师缺乏自律性和职业道德，既想留住这份稳定工作，又想获得丰富的物质生活，于是他们依然从事着本职工作，但是将更多精力付出在与本职工作无关的其他职业上。此外，还有一部分教师晋升到一定阶段后就开始无心教学和科研工作，给其他教师做了不良示范。兼职现象也是"隐性流动"的一种类型。周海涛等人认为，一些高层次人才的兼职现象，貌似是"双赢"，其实是"双难"[28]。一些兼职只是徒挂虚名，聘请单位并未获得实际收益；另外，由于时间有限，精力不足，兼职教师难以潜心工作。对于高校而言，相较于"显性流动"，"隐性流动"对组织造成的负面影响更大。教师的"显性流动"，即便是无序的，高校也能够根据当前教师队伍情况及时做出相应调整，而"隐性流动"对组织造成的负面影响由于不能够直观、快速地被管理者所感知，长期积累会对组织本身的发展、教师队伍的建设产生不可逆的严重后果。

综上，目前我国高校教师流动存在许多问题，这些问题也逐渐引起了教育部门和学界的关注。如为缓解欠发达地区人才流失的问题，2017 年《教育部办公厅关于坚持正确导向促进高校高层次人才合理有序流动的通知》发布，其中明确指出：不鼓励东部地区的高校从中西部和东北地区的高校引才；不能单纯以人才拥有的"头衔"作为薪酬待遇的确定基础[29]。与此同时，我国学界针对高校教师流动的研究也在不断增加，研究者们从不同视角进行研究，提出了有助于促进我国高校教师合理有序流动的策略。然而，由于高校人事管理体制不健全，高校教师流动相关法律制度的滞后性[30]，学术劳动力市场机制不完善[31]等，这一现象仍然没有得到有效遏制。

3. 高校教师流动影响因素的研究

罗瑟（Rossser）认为"影响教师离开其所工作学校的因素是综合性的"[32]，大到国家政策，小到个人和家庭，都在不同程度地影响着高校教师流动。所以，对于高校教师流动的研究需要综合考虑多种因素。对国内外相关文献的分析发现，国外关于高校教师流动影响因素的研究早于我国，研究成果也更为丰富。但是，随着我国高校教师流动的不断加剧，我国学者针对高校教师流动影响因素的研究也呈现出不断攀升的趋势。总体来看，影响高校教师流动的因素可以分为三类：个体因素、高校因素、社会性因素。

（1）个体因素对高校教师流动的影响

国内外研究者关于高校教师个体因素对流动的影响主要从性别、年龄、婚姻、人力资本等方面进行研究。在性别对高校教师流动的影响上，谷志远通过实证研究得到如下结论：性别对高校教师流动倾向具有显著影响，男性教师相较女性教师具有更鲜明的流动倾向。约翰斯鲁德等人（Johnsrud and Heck et al.）通过一项针对研究型大学的教师研究得出了相似的结论，他们认为相较于男性教师，女性教师更倾向于留在一个位置[33]。但是，劳施等人（Rausch et al.）通过研究得出了相反的结论，指出由于女性教师在任期过程中可能会处在弱势地位，因此女性教师群体在获得终身教职前更容易离开任职学校[34]。研究结论不同，可能是由于样本差异、研究方法差异；此外，研究样本中教师所在专业不同也会导致差异。

关于年龄与婚姻状况对高校教师流动存在的影响，谷志远通过研究发现年龄对教师流动倾向存在显著影响，36～45 岁的教师流动比例最高；在婚姻状况方面，教师的婚姻状况对流动倾向不存在显著性影响 [35]。安布罗斯等人（Ambrose et al.）通过研究发现，在年龄上，年轻教师的离职率往往更高；此外，在决定是否进行工作调动时，已婚的教师会有更多的考虑因素，所以相较于未婚教师表现出了更低的离职率 [36]。

研究者除了观察性别、年龄等先赋性因素对高校教师流动产生的影响外，许多西方研究者还关注了人力资本和生产力因素等后致性因素对于高校教师流动产生的影响。人力资本测量和生产力是高校教师流动研究专业因素方面的两个重要维度。前者属于经济学术语，主要用于根据职业年龄、工作年限、任期状态等去量化工作经验、资历等；后者主要涉及量化教师的工作，包括教学负担、学术任务和公共服务。人力资本（如职业年龄、工作年限等）已被认定为是影响高校教师流动的重要因素。在全国范围内的调查发现，学术等级和流动倾向之间存在很强的相关性。艾伦伯格等人（Ehrenberg et al.）提出，不同学术级别的教师对于改变职位的动机不同，其中自愿离职主要发生在高职位教师中 [37]。但是，麦基和福特（McGee & Ford）并未发现学术等级是影响教师离职的重要因素 [38]。是否是终身职位与学术等级存在相关关系，巴恩斯等人（Barnes et al.）认为非终身职位的教师离开所在学校的可能性更高 [39]。还有研究发现，工作年限长短与教师流动倾向呈现负相关关系，即工作年限越长，教师的流动倾向越低 [40]。此外，高产出率的教师 [41]、具有较大研究兴趣的教师 [42]、承担更多教学责任的教师 [43] 往往存在较低的流动意愿。

（2）组织因素对高校教师流动的影响

研究者关于组织因素对教师流动的影响多是从高校发展、收入、声望和绩效等方面进行研究。有研究者认为高校发展的差异对于教师流动具有刺激作用。一方面，国际化和市场化的高等教育环境意味着高校需要不断引进高质量、高素质的教师，淘汰没有竞争力的教师，以达到优化组织的师资团队、提升组织效能的目的。另一方面，不同地域的高校、不同层次的高校之间的发展情况存在很大差距。

一些政策上的倾斜进一步加大了高校发展的差距，如"双一流"建设高校往往占有更多资源，而一些地方高校所拥有的资源较少[44]。这些都导致教师更乐意向所在地区经济更发达、发展空间更广阔、办学声誉更好的高校流动。高校工作环境也是刺激高校教师流动的不能忽视的原因。例如，一些高校内部由于人力资源配置不合理、管理不科学，致使一些青年教师展现才能的机会较少而最终选择离开[45]。

在一般劳动力市场当中，收入对于员工职业流动有着十分重要的影响。所以，在针对高校教师影响因素的研究中，收入是否也表现出与一般劳动力相类似的规律，一直是大部分研究者的关注重点之一。关于收入对于高校教师流动的重要程度，目前仍没有定论。一些研究结果表明，收入是影响高校教师流动的一个主要因素[46]，但这一结论受到了如安布罗斯、巴恩斯等研究者的强烈反对。基于这两种研究结果，斯马特（Smart）分别研究了收入对全职教师和非全职教师的影响，研究结果表明收入仅仅对非全职教师离职存在重要影响[47]。艾伦伯格等人也得出了同样的结论：相较于讲师、副教授与教授而言，助理和助理级别教师的收入相对较少，这在一定程度上导致助理和助理级别教师的流动意愿相对更强[48]。麦基和福特认为收入对于高校教师流动不存在直接影响，而是通过如平等和满足感等因素间接表现出来[49]。

声望和科研绩效对于高校教师流动也存在十分重要的影响。有研究认为，学校声望对教师流动的影响要高于科研绩效的影响。例如，西奥多等人（Theodore et al.）对文科教师的流动情况进行调查发现，学校的知名度对于教师流动的影响比学术表现更大，个人声誉与机构声誉存在相关性[50]。哈根斯等人（Hargens et al.）通过研究发现声望对于高校教师流动存在更为重要的影响[51]。科锐妮（Crane）通过研究发现：高声望大学中的学者往往可以获得更高的成就[52]，所以高校教师更倾向于流动到高声望的大学之中。

（3）社会因素对高校教师流动的影响

蒋国河针对改革开放后我国高校教师流动与国家政治、经济等因素的关系进行了深入研究。他将我国高校教师流动分为了三个阶段：一是1978年到20世纪80年代中期，此时我国高校教师流动表现为"出国风"，高校教师流动渠道窄、选择少，向国外流动是一种主要倾向；二是 20 世纪 80 年代末至 90 年代末，此时市场化机制的建立使高校教师拥有了更加自由的流动环境，"下海"和"孔雀东南飞"是当时教师流动的两种主要现象；三是 21 世纪以后，随着学术劳动力市场化平台的不断完善，高校教师有了更多的流动选择，流动方式也更加多样，跨系统流动趋势逐渐弱化，系统内部流动愈发活跃，地域间流动更加均衡 [53]。

邹琨认为高校教师流动是市场经济环境下的必然现象。市场要求将生产物料和人力资源紧密联系起来，以增加社会经济效益。社会主义经济的快速发展和经济效益的提高是通过劳动力市场的资金、物料及人才的正确配置来实现的。高校是人才的重要聚集地，高校教师的流动难以避免。此外，权利平等原则给高校教师自由流动提供了保障。在社会主义市场经济条件下，人人享有平等的社会权利、地位和机遇，鉴于不同高校的条件存在一定差异性，教师必然会根据个人需求作出理性决策 [54]。戴建波认为，教育政策的调整对于高校教师流动同样存在重要影响。20 世纪 90 年代末，高校教师开始转向聘用制管理。这为教师流动提供了制度上的保障，解除了就业人员对用人单位的依附关系，教师从"单位人"过渡到"社会人"[55]。

4. 高校教师流动影响因素模型的研究

随着关于高校教师流动影响因素研究的不断深入，有研究者指出，简单地将变量与员工流动相联系不再具有价值，未来研究需要做的是研究变量与员工流动之间存在的因果关系，以及这些关系是如何被其他变量所调节的 [56]。所以，在随后的研究中，越来越多的研究者开始关注影响高校教师流动及流动意向因素间的相互作用关系，并建立了相关模型，具有代表性的有以下几种。

（1）斯马特的因果模型（Causal Model）[57]

斯马特的因果模型中融合了经济学、心理学和社会学员工流动模型成分。该模型利用 1984 年由卡耐基基金会支持的全国教师调查数据，评估了个人特性（职业年龄、性别、婚姻状况、教学时间、组织衰退及校园治理等）、工作环境（参与治理、治理影响力、科研产出、薪资），以及各类与工作满意度相关的变量（组织满意度、薪酬满意度和职业满意度）对终身教师和非终身教师流动倾向的影响。结果表明，职业年龄无论对于终身教师还是非终身教师而言都存在重要且直接的影响；年龄、用于科研的时间、科研产出仅对终身教师存在重要且直接的影响；教学时间和校园管理因素对终身教师存在影响，不过是通过组织满意度进行调节的；婚姻状况对终身教师和非终身教师都没有影响；组织特点对终身教师和非终身教师均存在重要影响。该研究分析了终身教师和非终身教师离职意愿影响因素的相似性和差异性，可为高校在面对终身教师和非终身教师离职情况时的管理提供参考。

（2）周颖（Ying Zhou，2004）的高校教师离职理论模型（the Theoretical Model of Faculty Departure）

周颖使用美国1999年的高等教育研究数据库（National Study of Postsecondary Faculty），排除了非研究型机构和兼职教师样本后，最终样本包含3467名专职教师。在推拉理论和斯马特因果模型的基础上建立了高校教师离职理论模型[58]（图1-3），此模型主要目的是检验各种因素对高校教师流动倾向的直接或间接影响情况。

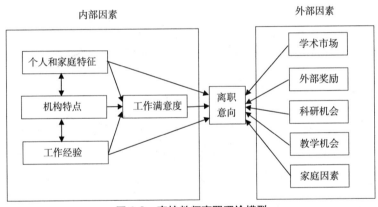

图1-3 高校教师离职理论模型

该模型显示，影响高校教师离职的内部因素主要有三类：个人与家庭（性别、种族及年龄等）、机构特点（员工福利、机构规模及机构类型等）和工作经验（学术排名、终身制地位、工作量等）。这三个维度对教师的工作满意度存在直接影响。工作满意度是一个中介变量。另外，影响高校教师离职的外部因素包括五方面：学术市场、外部奖励、科研机会、教学机会和家庭因素。当高校教师对工作产生不满进而产生离职意向时，外部因素开始发挥作用。其中，薪酬因素、学术等级、学术地位、种族背景、资历、对薪酬的满意度、工作满意度和外部薪酬对终身教师和非终身教师流动具有较大影响。机构特点、工作量、科研产出、资源满意度等只对一组（终身或非终身）教师流动产生影响。

周颖的研究指出，在组织内，影响高校教师流动的三大驱动因素是资历、工作满意度和薪酬满意度。低职称的教师往往比具有高职称的教师流动性更大。在外部拉力方面，薪酬对教师流动行为存在显著的直接影响。周颖分别从内部因素和外部因素对高校教师流动影响因素进行讨论，其研究角度更加全面。但由于其研究的是西方国家高校教师流动问题，因此研究结果不能直接移植到我国研究中。

（3）罗瑟的概念模型（Proposed Conceptual Model）

罗瑟利用 1999 年的国家高等教育研究（National Study of Postsecondary Faculty）相关数据建构概念模型[59]（图 1-4）。该数据库包括近两万名公立和私立高校全职教师，回收有效问卷 12 755 份。

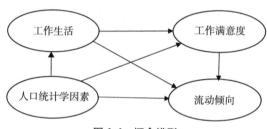

图 1-4　概念模型

罗瑟在前人研究的基础上，加入了组织满意度、薪资满意度和职业满意度三个维度的因素，分析了工作满意度对高校教师流动意向的影响。研究结果表明，教师对职业生活质量的看法对工作满意度具有积极、直接和关键的影响，进而影响教师的流动性。工作满意度高的教师离职倾向更低，工作满意度低的教师对个人工作生活质量的认知度偏低，更加容易产生流动倾向。

从总体上看，西方国家对高校教师流动从相对停滞到适度流动进行了半个多世纪的探索，也取得了非常丰富的研究成果，我国学者在对高校教师流动研究的过程中可以适当借鉴国外经验。但也要注意，人才流动受到国家、民族、学科和阶段的影响，所以西方的学术成果不能直接移植到我国的研究当中，在借鉴国外研究成果的同时要注意立足我国本土，在其研究经验和研究成果的基础上进行本土化改进，从而更好地服务于我国研究。

5. 解决高校教师流动问题的对策研究

随着我国高校教师流动不断加速，高校教师流动过程中也出现了许多问题，如何缓解高校教师流动存在的问题是许多研究者关注的重点。对此，研究者们尝试从不同角度出发提出能够促进高校教师有序流动的相关机制。

（1）建立有序的学术劳动力市场

创建一个完善的、运行良好的学术劳动力市场是高校教师有序流动的根基。闫凤桥认为学术劳动力市场具有两点特征：第一，从事学术工作的人员自身具有积极的价值观、高尚的道德品质；第二，教师这一职业是一份稳定但工资变动性不大的工作。高校一般只是薪资的被动接受方，无法成为主动的定价方。这就使高校教师的工资水平可能落后于其他领域拥有相似背景人员的薪酬水平[60]。李立国指出，高校不应该利用物质优势来吸引人才，而是应该靠学术成绩、学术声誉以及良好的学术环境吸引人才。然而，我国部分地区和高校存在以物质吸引人才、无视学术劳动力市场规则的现象。高校的竞争和教师的流动应该以统一教师工资待遇为基础，通过事业来引才[61]。

（2）完善高校教师退出机制

退出机制是教师管理的重要组成部分，对于打造一支优秀的师资队伍至关重要。但是，由于管理上存在观念陈旧、相关制度欠缺、退出方式单一等原因，我国一些高校的教师退出机制仍然没有发挥出应有的作用。完善退出机制应成为减少高校教师不合理流动的关键因素。高校教师流动完全符合事物的动态发展规律，但目前许多高校管理者对于教师流动问题始终没有及时转变思想，只是一味阻止和限制教师的流动。所以，若要真正完善高校教师的退出机制，首先要改变高校管理者面对流动问题时的陈旧观念。市场经济是开放经济，每个人才都属于社会，而不是某一个单位的"固定资产"。在市场力量的推动下，高校要将教师作为重要的"流动资产"，为教师提供更多施展才华的空间。高校教师的有效退出不仅能促进师资队伍的更新以及知识结构的优化，也可以考验高校是否能够在教师流动的动态管理中找寻到相对稳定的发展之路。所以，高校管理人员需要正确面对教师退出，容许教师依据自身的知识结构、发展需要进行岗位上的调整[62]。

蔡卫中等人认为，目前我国高校教师的离职不够规范，并且流失现象不断加剧，这暴露出了我国高校人事管理制度存在缺陷，高校无法根据实际需求吸引组织急需的人才，解聘不合格教师[63]。我国高校需要切实执行教师聘任制度，因为运行良好的聘用制度可以通过公平的竞争、有序流动的用人环境为教师与高校的互相选择提供平台。教师在上岗前就能够对准备入职的高校有更多的了解，高校方面也应当制定相应制度规范，以降低教师可能存在的隐性流失风险[64]。夏薇等人认为，除高校自身需要进行观念革新和完善聘任制度外，国家层面也应完善相关的法律法规，以规范高校教师的退出问题，对于未能承担合同要求而擅自终止合同责任的个人以及利用不合理手段挖走教师的高校进行相应惩处。教育主管部门必须不断修改和完善高校教师退出的相关政策法规，不断加强对教师流动、高水平人才流动及人事调配的整体管理，促进教师有序流动。在面对高校教师非合理退出问题时，高校可以根据雇佣合同、法律法规等进行管理，避免产生不合理的退出现象[65]。

（3）提高高校教师的忠诚度

徐淑凤等学者认为，忠诚是一种人类具有的理性行为，这种理性行为能够引导教师建立忠诚观，降低离职的可能性。由于教学工作的自主性及各学科的差异性，教师的团队精神和组织归属感一般只能在学科组的教学和科研任务中形成[66]。事实证明，教师对学科的忠诚度超过了对组织的忠诚度，若要教师树立起组织忠诚观，就需要以学科为前提，提高学科的组织地位，不断增强高校教师的专业责任感，提高对组织的忠诚度。从工作面试到录用再到离开学校，教师的忠诚度始终在变化。高校管理人员在培养及提升教师忠诚度时，也要加强对教师忠诚度的动态管理：招聘时要考察教师的忠诚度，工作中要强化对流失潜伏期教师忠诚度的管理，流失后要做好完善工作[67]。

（二）高校教师流动研究的理论基础

通过对我国高校教师流动研究的梳理，著者发现应用于研究高校教师流动的理论主要包括以下几种。

1. 以耗散结构理论为基础的研究

诺贝尔奖获得者普里戈金（Ilya Prigogine）提出了"耗散结构理论"（Dissipative

Structure Theory)。该理论认为：一个系统在远离平衡态，且此时外界变化条件达到一个临界阈值时，通过与外界环境不断进行物质和能力交流，系统能够从无序状态转向有序状态。他将这种背离平衡、稳定且有序的结构称为"耗散结构"[68]。这一理论有力地揭示了事物的本质：对于一个开放的系统而言，内部需要与外部环境进行物质、信息及能量的输入和输出，当这种输入与输出持续进行且达到一种平衡态时，才能保持系统结构不断优化、功能不断完善，否则系统会陷入凝滞或者危机之中。众所周知，高校组织本身就是一个开放的系统。由耗散结构理论可知，教师作为高校中重要的人力资本，需要通过流动不断与外界进行能量、信息的交换，如果一所高校中的教师不存在流动行为，高校就会成为一个封闭系统，那么耗散结构无法形成，高校系统就会陷入危机之中[69]。

2. 以推拉理论为基础的研究

推拉理论属于人口学领域的理论，这一理论初现时是为了解释人口迁移的现象。该理论指出，人口在流动过程中受到两种力的作用，分别是来自流出地的推力和来自流入地的拉力，而这两种力中又包含着各种影响人口流动的具体因素。此后，一些研究者开始将推拉理论引入劳动力流动的研究中，并且取得了一定成果。高校教师属于高层次知识型人才，推拉理论对于研究高校教师流动也具有很大的借鉴作用。研究者们大多将推拉理论用于研究高校教师流动影响因素的问题中，通过构建模型对高校教师流动影响因素问题进行探讨。有研究者从推拉理论视角出发，提出影响高校教师流动的作用力包括推力和拉力，并在此基础上构建出了高校教师流动影响因素与作用力的模型关系图[70]。这有助于更加多维地了解我国高校教师流动的影响因素，在提出促进我国高校教师合理有序流动的策略和建议时更加有针对性。

3. 以组织生命周期理论为基础的研究

组织生命周期理论指一个组织从创立到衰亡的一整个时间过程。一个组织会经历四个主要阶段，分别是开创期、成长期、正规期和衰退期。美国学者卡兹（Katz）从保持组织活力的角度出发，通过大量统计调查绘制出了组织寿命曲线。该曲线显示一个组织的最佳年龄是 1.5 ~ 5 年，超过 5 年后组织开始显现老化状态。此时，为了缓解组织老化问题，需要借助组织内外的人员流动促进组织改组，从而促使组织保持最佳状态。对于高校而言，其本身就是一个科研组织，教师身处这个组织当中。若组织处于最佳状态时，作为组织成员的教师就会受到正向激励，产生更多的创造力；若组织老化，作为组织成员的教师也会受到负向影响。为了避免高校教师受到负面影响，组织就要通过教师流动加强和外界的联系，促进各种不同信息的交流，不断提升活力。

4. 以人性假说理论为基础的研究

1957 年，美国学者道格拉斯·麦格雷戈（Douglas M·Mc Gregor）在《企业的人性面》一书中首次提出了"人性假说"概念。在这之后，一些学者开始了对于人性假说理论的研究与拓展。如美国学者沙因（Schein）提出了著名的四种人性假说，即"经济人""自我实现人""社会人""复杂人"；日裔美国管理学家威廉·大内（William Ouchi）所著的《Z 理论——美国企业如何迎接日本的挑战》一书中高度强调了"文化人"的重要性。高校教师流动的主体是人，而人性是复杂的，无法完全透彻地去了解，所以研究者在研究高校教师流动问题时往往会借助人性假设理论进行研究。如，有研究者利用该理论对高校教师流动影响因素进行了研究，发现不同人性假说视域下高校教师流动的影响因素是存在差异的，若要促进我国高校教师有序流动，就要从不同人性视角出发探索教师的不同需求，进而提出有针对性的教师流动管理策略 [71]。

5. 以创造力的库克曲线为基础的研究

美国学者库克（Kuck）发现研究生在参加工作后，他们的创造力在不断发生变化，并根据这一变化绘制出了库克曲线。库克曲线将创造力的发挥程度分成了五个阶段：导入期、成长期、成熟期、初衰期、稳定期。通过这一曲线可以认识到，高校教师的创造力从入职开始也会呈现出周期性的变化过程，若要高校教师始终保持良好的创造力，就要通过外界强烈的激励不断激发其创造激情。但是，如果周围的环境已经开始抑制高校教师的创造力，或是教师自身已经开始对环境失去兴趣，那么就需要通过流动使教师置身于一个新的环境中，重新进行自我定位，激发其创造激情，使教师的创造力可以进入一个新的生命周期中 [72]。

6. 以博弈论为基础的研究

博弈论（Game Theory）研究的是互动情景中的理性选择，具体而言，主要指博弈双方处在一个平等的对局当中，他们会根据对方策略的变化情况不断调整自己的对抗策略，选择最佳的行动计划，从而寻求自身收益的最大化。有学者将这一理论引入对高校教师流动的研究之中，将教师和高校视为博弈双方，通过构建博弈模型，发现在高校教师流动的过程中，只有达到"纳什均衡"，博弈双方做出的选择才是最为理想的[73]。借助博弈论研究高校教师的流动，在一定程度上证明教师流动具有合理性与客观性，高校在教师良性流动的过程中才能够获得持续健康发展的动力。

（三）对已有研究的述评

随着我国高校教师流动速度逐渐加快、流动频率逐渐提高，流动过程中开始出现种种问题。对此，研究者从不同视角出发，运用不同的研究方法与理论不断探究能够缓解我国高校教师流动问题的方法，且取得了丰富的研究成果。从研究方法上看，高校教师流动研究主要表现出两个主要特点：第一，综合化，强调高校教师流动研究需要跨学科；第二，在实证化方面，国外的实证研究占据主导地位，我国实证研究仍然偏少。从研究视角上看，研究者或从社会学、心理学、管理学和经济学某一学科视角，或是将不同学科进行融合对高校教师流动进行研究。我国学者对高校教师流动问题逐渐重视，研究数量不断增加，但同时存在一些不足。

1. 对高校教师流动概念的认识不明确

通过文献梳理发现，一些研究者把教师"流动"与"流失"两个概念混淆，认为"流动"等同于"流失"，以此提出要"堵住"教师流动渠道。事实上，教师流动包含教师流失，后者是前者的一种表现形式。在一般情况下，高校教师流失对于高校来说是不利的。简单地将"流动"与"流失"混淆是从源头就弄错了高校教师流动的基本内涵，严重影响后续的研究结果。

2. 针对高校教师流动现状的调查研究不足

在不同时代背景、不同社会背景下，高校教师流动情况也不尽相同，对高校教师流动特征进行调查研究有助于从全局角度了解我国高校教师的流动情况，进而能够根据我国高校教师流动存在的问题更加有针对性地进行治理。但是，当前关于我国高校教师流动状况的调查研究尚显不足。在我国高校教师流动不断加速的趋势下，研究者需要不断关注高校教师的流动情况，从而为高校教师流动治理提供参考。

3. 针对高校教师流动影响因素的研究不充分

西方学界针对高校教师流动影响因素的研究起步较早，研究成果丰富，相比较而言，我国学界此类研究尚显不足。目前，国内关于高校教师流动影响因素的研究多是对前人研究成果的总结和提炼，筛选出自身研究需要的部分进行分析。这些成果主要来自文献，缺乏对一线教师实际流动影响因素的调查。21 世纪以来，我国高校教师流动愈发频繁，流动原因也愈发复杂，单纯依靠前人经验已无法满足现在的研究需求。此外，对于影响高校教师流动因素的分类，现有研究主要从流出高校角度寻找，缺乏从外界角度寻找影响教师流动因素的研究，或者将流出高校和外界环境的影响因素混淆，导致研究不够充分。

4. 关于高校教师流动影响因素间作用关系研究尚显不足

通过文献综述发现，目前我国大部分研究单纯强调高校教师流动的影响因素有哪些，如家庭因素、薪酬因素、工作条件因素等，但鲜有文献是关于这些因素对高校教师流动是如何影响的、影响程度、各因素间的相互作用关系的研究，相关研究不够深入，不足以为高校教师合理有序流动提供有意义的参考。

5. 国内理论研究占据主导，实证研究不足

促进高校教师有序流动研究的立足点在于有效解决实践问题，这需要基于广泛的调查研究，得到科学合理的结论。然而，目前国内相关研究以理论思辨为主，缺少具有支撑性的调查数据支持。在检索到的 355 篇文献中，实证类研究的文献约 30 篇。并且已有研究的数据来源较为单一，主要利用《中国教育年鉴》《中国教育统计年鉴》以及教育统计报告收集得来，缺乏关于高校教师流动的具体数据，虽然也有少量研究者进行了问卷和访谈调查，但相较于西方研究而言，我国实证研究仍显不足。

综上所述，我国学界对于高校教师流动的研究数量不断增加，研究成果日趋丰富，这对于解决我国高校教师流动过程中出现的问题、促进教师有序流动具有非常

积极的意义。但是，高校教师流动的研究成果中也存在一些不足，如理论性研究占据主导、对于有过流动经历教师的调查不足、研究视角狭窄等，很难有效指导我国高校教师的流动管理工作。对此，本书尝试更加全面、系统地对我国高校教师流动问题进行研究。从本质上看，高校教师流动属于社会学问题，是社会流动在高等教育领域中的反映，表现出了许多社会流动的特点。所以，著者从社会学视角出发，结合本书需要选取了推拉理论、人性假设理论、新公共管理理论对我国高校教师流动问题进行研究。首先，为了解我国高校教师流动的现实情况，本书通过实证调查的手段收集有过在不同高校间流动经历教师的相关信息，以了解我国高校教师流动的现实情况以及流动过程中存在的具体问题；其次，为了能够更加全面地分析影响我国高校教师流动的各类因素，著者分别从宏观层面、中观层面和微观层面对我国高校教师流动影响因素进行分析；最后，根据上述研究结果，著者从市场、政府、组织和教师四个层面提出了消解我国高校教师流动困境的原则与对策。

三、高校教师流动研究的意义

截至目前，我国学界关于高校教师流动的研究已经取得了一定的成绩，但总体来看，研究成果仍不够系统、全面，高校教师流动过程中出现的种种问题仍未得到有效解决，不利于高等教育健康发展，对我国高校教师流动问题的理论研究和实践探索仍需继续进行。

（一）理论意义

1. 本书有利于对我国普通高等学校教师流动的现实情况进行反思

高校教师合理有序流动对建设高质量的教师队伍、提高高等教育发展水平具有重要作用。然而，高校教师流动存在许多问题，如高校和地方政府通过高薪争抢高层次人才，部分高校教师通过频繁更换工作以得到更高的物质待遇，等等。虽然其中一些问题已经受到社会各界的关注，但在没有适当的法律和制度规范的情况下，这些问题始终存在，高校教师流动问题始终没有得到有效遏制。本书探讨并反思了我国高校教师流动现状，充分了解了高校教师流动过程中存在的现实困境，旨在提出能够缓解高校教师流动困境的针对性策略。

2. 对普通高等学校教师流动影响因素进行了多维度探究，分析角度更加多元

影响我国高校教师流动的因素是多元且复杂的，高校教师作为流动主体，从教师角度了解影响其流动的因素是十分必要的。但需要注意的是，教师的日常生活和工作处于高校和社会环境之中，所以在探究高校教师流动影响因素时也不能忽视环境对其流动造成的影响。本书从微观层面（教师）、中观层面（高校）和宏观层面（区域、市场和政策制度）出发，考察了多维度的影响因素，能够使读者更加全面地认识我国高校教师流动的影响因素。

（二）实践意义

高校教师合理流动能够促进学科发展，各种知识可以不断交流与融合，而高校教师不合理流动则易造成高校间的差距不断加大，影响学术产出等。本书力求揭示高校教师流动的深层原因，以期为高校制定科学合理的师资管理策略提供一定帮助。

1. 为我国普通高等学校教师流动管理策略的制定提供参考依据

我国高校教师流动呈现递增趋势，但大多数高校还未对高校教师流动的管理制度做出及时调整。一方面是由于计划经济体制延续下来的传统认知，很多人认为高校教师是一个"铁饭碗"，多数情况不会流动，因此忽视了对高校教师流动的管理；另一方面是高校管理者对教师流动的内因认识不足，造成无法有效应对教师流动的状况。在高校教师流动不断加速的情况下，深入把握高校教师流动现状，掌握高校教师流动规律，对于高校制定科学合理的教师流动管理策略具有积极意义。

2. 有助于提高我国普通高等学校教师人才配置与流动效率

人才流动能够带动不同思想、成果和资源的交流，可以充分发挥人才的潜力，促进学术繁荣与创新。但是，人才不合理流动会扰乱学科正常秩序，破坏科学研究的可持续性。本书基于对高校教师流动的研究，全面了解高校教师流动的深层原因，提出高校教师流动困境改善的策略，以促进高校和学科健康发展。

四、研究方法

黑格尔（G.W.F.Hegel）说："在探索认识的过程当中，方法即工具，是探索主体的某些手段，主体通过这种手段与客体发生关系。"[74] 因此，科学研究必须

以科学的研究方法为基础。本书主要内容如下：调查我国高校教师的流动现状，指出其中存在哪些流动困境；探究影响高校教师流动的影响因素有哪些，哪些因素容易造成高校教师流动困境；研究如何消解我国高校教师流动困境。根据本书需要，著者通过定量与定性相结合的研究方法收集研究所需的数据和资料。定量分析对于测试变量间的因果关系是十分有效的。本书主要运用了文献研究法和问卷法，前者通过收集各高校官网中高校教师的简历信息，对高校教师流动的具体情况进行分析，后者主要针对高校教师流动影响因素进行调查。定性分析能够更深入地了解被调查者的感知、动机和情绪。著者主要利用了访谈法和个案研究法，这两种研究方法能够弥补定量分析中一些数据资料不易调查到的不足，对于问题研究更加具有解释性。将定性与定量、理论与实证相结合，对于提高研究成果的学术价值和参考价值具有积极作用，同时能够使研究成果更具科学性和可行性。

（一）文献研究法

文献研究法依据研究需要查阅文献获得相关资料，以避免研究内容的重复，同时，发现已有研究不足，为未来研究提供参考。本书首先对高校教师流动相关研究进行全面回顾和总结，例如，高校教师流动概念、流动意义、流动影响因素和作用机制等，利用相关专著、报纸、国内电子数据库（如中国知网、万方数据库等）、国外电子数据库（Scopus、JSTOR、SpringerLink 等）等信息载体搜集相关资料，通过分析收集到的资料，了解国内外高校教师流动研究的动态。对高校教师流动相关文献内容进行归纳、分类和总结，找准切入点，建立起本书的理论分析框架。此外，考虑到我国高等教育发展必然会受到国家政策调整的影响[75]，所以本书在分析高校教师流动影响因素时也十分关注政策层面对教师流动产生的影响。本书利用文献研究法收集了 21 世纪以来我国高校教师流动的相关政策文件，将这一时期高校教师流动政策进行梳理后分成了两个阶段，对每一阶段的教师流动政策进行具体的分析，以为后文高校教师流动影响因素部分中政策层面的影响因素分析做铺垫。

（二）文本分析法

文本分析法能够透过文本表层揭示文本的深层内涵，发现普通阅读过程中难以把握的深层意义。在本书中，为了能够更加充分地了解我国高校教师的流动现状（如高校教师的流动频率、地区间和校际流向等），著者对收集到的各高校官网发布的教师简历信息进行抽样研究。在抽样过程中，为了使抽样结果更加合理，著者将我国高校按照地理区域划分，主要分为七个区域，分别是华南地区、西南地区、华东地区、华北地区、西北地区、东北地区和华中地区，然后利用随机抽样法分别从各区域抽选出 2 ~ 4 所大学。在收集信息的过程中发现一些高校官网中存在教师简历缺失的情况，那么著者会将此类高校从初始样本中剔除，然后补充其他对教师介绍详细的高校，最终收集到了 1863 位高校教师的简历信息。对高校教师简历信息进行收集和整理后，著者对我国高校教师流动的基本特征进行分析与讨论。普通高等学校教师简历的收集与数据处理具体呈现在第五章的第一部分内容中。

（三）访谈法

访谈法是指访谈人员面对面地和被访谈人员或者研究的参与者进行系统交谈，了解被访谈人员的心理和行为的研究方法，目的在于发掘和洞察其想法、观念和见解。访谈法的优势在于容易形成友好的气氛，获得问卷法不易调查到的数据资料，主要目的是弥补调查问卷的缺陷。在本书中运用访谈法的主要目的有两个：其一是了解我国高校教师流动的各类影响因素；其二是深入了解利用问卷法无法挖掘出的问题，为本书提供支撑。

在调查对象的选取上，本书分别对"双一流"高校和普通公立本科高校中有过在不同高校间流动经历的教师进行访谈。对高校教师的访谈主要是为了了解高校教师从产生流动想法到做出最终流动决定的整个心理过程，包括哪些因素影响了其流动，这些因素的重要性如何，哪些因素是起到决定性作用的，等等。此外，为了解高校管理者对于教师流动的态度，著者还对高校人事部门的管理人员进行了访谈。在调查对象的选取途径方面，主要是以熟人介绍和滚雪球的方式对被访者进行选择，这种方式更加符合中国人的习惯，访谈人员更易被接纳，不会使被访者产生防备心，更易了解被访者的真实心理感受。在高校教师的访谈数量上，本书遵循理论饱和原则，即当新增案例无法提供更多信息时，或研究人员不能够从新增案例中学到更多新知识时，就是案例选择结束的时机。在访谈过程中，著者发现对第 13 和 14 位教师的访谈内容进行编码时内容开始出现重复，认为理论已经达到饱和，遂结束访谈，最终著者共访谈了 14 位高校教师。其中包括男性教师和女性教师各 7 人；教授 3 人，副教授 7 人，讲师 4 人；"双一流"建设高校工作的教师 7 人，普通公立本科高校工作的教师 7 人。对于人事部门管理者的访谈难度较大，著者前后联系了几所高校的人事部门管理人员，由于部分管理人员认为本书中关于高校教师流动的访谈问题较为敏感，委婉拒绝，最终仅访谈到来自两所高校的 2 名人事部门管理人员，为本书提供了一定的访谈数据支持。具体的访谈设计及实施情况呈现在第六章的第一部分内容中。

（四）问卷法

问卷法是一种十分常用的调查方法，通常用于测量被调查者对特定问题的看法及态度，主要由问卷说明、一系列与研究相关的问题和答案选项组成。在本书中，为了解流出高校和流入高校中分别有哪些因素在影响着我国高校教师的流动行为，以及各种影响因素在高校教师流动过程中的重要程度，著者运用了问卷法进行调查。

问卷的质量直接关系到研究结果的有效性与合理性，而问卷设计的合理性是十分重要的，所以在问卷的编制上，著者参照了国内外已有成熟量表和问卷（如樊景立的员工流动倾向量表、李志峰的《高校教师流动影响因素与政策改进》调查问卷、戴建波的《地方高校教师流动调查》问卷等），最终编制出本书所使用的《普通高等学校教师流动影响因素调查问卷》。在调查样本的选择上，合理调查样本的选择是调查研究成功的关键。为使调查对象能够尽可能全面地包含高校教师的各种分类，著者在问卷发放时主要通过分层抽样法进行。本书的问卷发放对象选择具体如下：在高校层面，不同层次高校中的教师流动情况不尽相同，为了能够更加充分地了解高校教师流动情况，需要针对不同层次的高校进行调查，所以本书选取了"双一流"建设高校和普通公立本科高校作为高校层面的调查样本；在问卷发放对象层面，考虑到各种个人因素对高校教师流动存在不同程度的影响，著者选择了不同年龄阶段（35 岁及以下、36 ~ 45 岁、46 ~ 55 岁、56 岁及以上）、不同职称（助教、讲师、副教授和教授）和不同教龄段（5 年及以下、6 ~ 10 年、11 ~ 15 年、16 ~ 20 年、21 年及以上）的教师。在问卷发放方式及时间上，著者主要通过问卷星、邮件和纸质版问卷三种方式进行问卷发放，前后共进行了四轮问卷发放，从 2020 年 5 月 9 日开始，截至 2021 年 8 月 20 日，共回收问卷 338 份，在剔除了不符合要求的问卷后，本书最终回收到的有效问卷共 317 份，有效率为 93.8%。

在对回收问卷进行数据统计方面，本书主要使用了 SPSS 和 Amos 统计分析软件对研究变量进行分析。具体而言，为了解样本的性别、年龄、学历等分布情况，著者利用 SPSS 统计软件对样本数据进行描述性统计分析；此外，为将错综复杂的关系变量综合为少数几个核心因子，从而减少以后数据处理的烦琐程度，著者使用 SPSS 软件对数据进行了因子分析；为了解高校教师流动在人口统计特征上存在的差异，著者利用 SPSS 软件对数据进行了方差分析。在对高校教师流动影响因素间的关系进行分析时，考虑到结构方程模型（Structural Equation Model，简称 SEM）具有能够同时处理多个变量、可以同时估计因子关系和结构以及能够估计整个模型的拟合程度等优点，著者运用 Amos 统计分析软件对普通高等学校教师流动影响因素结构方程模型进行了数据分析。

（五）案例研究法

案例研究法是将某些人、某些团体或某种事件作为研究的对象，通过收集各种资料、综合运用多种分析方法与分析技术，深入探究复杂情景中的某些现象的研究方法 [76]。

本书在高校教师流动影响因素部分内容中运用到了案例研究法，因为高校教师流动是一个持续的、内化的、复杂的过程，若想研究这样内隐、抽象的问题，不能直接、简单地从环境中获得，而是需要对单个个体、一个场域或一个特定实践进行系统的检视。本书希望通过对有过高校间流动经历的高校教师的个案研究，能够更加深入地了解与掌握高校教师从产生流动想法到发生实际流动行为的全过程。在案例对象的选择上，著者在访谈了 14 位高校教师后，从中选择了 3 位流动经历具有代表性的高校教师作为本书的案例研究对象，分别是从华南地区某二本高校流动到当地另一所二本高校的 M 教师、从东北地区某二本高校流动到华南地区某一本高校的 Y 教师、从东北地区某二本高校流动到同区域某二本高校的 C 教师。著者主要通过对这 3 位教师的案例研究，了解了高校教师从产生流动想法到寻觅工作机会再到最终产生实际流动行为的整个过程。

第二章

普通高等学校教师流动内涵分析与理论基础

随着国内外高校教师流动研究的不断深入，对于高校教师流动问题的研究成果已经非常丰富，但目前相关研究中涉及的许多关于高校教师流动的理论性问题尚存争议。对高校教师流动的相关问题进行研究，首先需要明确高校教师流动的基本内涵，以奠定坚实的理论基础。本书在借鉴国内外相关研究的基础上，对高校教师流动的内涵、高校教师流动的类型以及本书应用到的理论基础进行相关探讨。

一、普通高等学校教师流动的内涵与类型

严谨的定义对每一项研究的准确性都具有重要的意义。对于如何准确地定义一个词语，亚里士多德（Aristotle）指出，每个合格的定义都包含两部分：首先，将被定义之物划归入某一群类当中，这个群类具备的一般性特征也会为该物所具有；其次，该物拥有不同于该群类中其他物体的特征[77]。高校教师流动是人才流动的一种形式，因此，本书从人才流动的角度出发，探讨了高校教师流动的内涵。

（一）普通高等学校教师流动的内涵

1. 人才流动

"流动"通常指液体或气体的运动，此含义下对应的英文为"flow"；也指经常变换位置，此含义下对应的英文为"on the move"。"流动"一词经常出现在物理学领域中，主要表示物体空间位置的变化。"流动"一词也常被其他学科借用，其含义也被赋予了多学科色彩。本书提及的"流动"是一个社会学概念，属于人才流动的重要组成部分。

国内外研究者对"人才流动"概念的理解一般会根据研究需要从狭义和广义两个方面进行界定。普莱斯（Price）从广义的角度界定了人才流动的概念："个体作为组织中的成员，其状态发生改变的情况"，包括员工的流入、流出、晋升以及降职几种情况[78]。黄英忠也从广义角度进行了定义：人才流动属于一种劳动力移动（labor turnover），指雇员从一个地方调到另一个地方，或从一个产业移动到其他产业，或从一个职业调到其他职业；同时，它也意味着员工在特定组织中

发生的流动，例如，员工从一个部门到另一个部门的流动，或是在一个组织内的升职、降职或工作职责的变化等[79]。莫布雷（Mobley）从狭义的角度对人才流动进行定义："原本在企业获得货币性报酬的雇员终止了与企业劳动关系的过程。"[80]这个定义强调的是企业和雇员雇佣关系的终止，将人才流动与在组织内的升职、降职等岗位改变做出了区分。

在对国内外学者关于人才流动的定义进行综合后，本书分别从广义和狭义角度对人才流动进行了定义。广义的人才流动是指员工在不同职业、产业或地域之间的流动；此外，也包括人才在同一组织内部的不同部门之间的流动。从广义角度上讲，人才流动既包括不同组织之间工作的变动，也包括同一组织内不同岗位间的变动。狭义的人才流动指的是员工被某一组织雇佣或离开某一组织的行为，即在不同组织间的流动。人才在组织内部的流动是一种人力资源整合行为，即组织通过优化现有人力资源配置来提高自身竞争力的行为。人才在不同组织间的流动会使组织原本人力资源保有量发生改变，对组织影响较大，所以一般情况下，研究者和管理人员提到人才流动时，关注更多的是人才在不同组织之间发生的流动行为。

2. 普通高等学校教师流动

普通高等学校是指按照国家规定的设置标准以及审批程序批准举办的，通过全国普通高等学校统一招生考试，以高级中学毕业生作为主要培养对象，实施高等教育的全日制大学、独立设置的学院和高等专科学校、高等职业学校和其他机构。《教育部关于"十三五"时期高等学校设置工作的意见》（以下简称《意见》）中将普通高等学校分成研究型、应用型和职业技能型三种类型。研究型高等学校以培养学术研究的创新型人才为主要任务，学位授予覆盖学士、硕士和博士三个层次；应用型高等学校主要培养的是从事服务经济社会发展的本科以上层次的应用型人才，并从事科技应用和社会发展方面的研究；职业技能型高等学校主要培养的是未来将从事生产管理服务一线的专科层次的技能型人才[81]。著者参照《意见》中的分类，将本书普通高等学校教师流动的范畴定位在研究型高等学校和应用型高等学校中，不包括职业技能型高等学校。

高校教师属于高层次知识型人才，具有不同于一般人才的特征，所以本书首先对"高校教师"这一概念和特点进行了分析。对于"高校教师"的概念，可以从广义角度和狭义角度两方面去理解。从广义角度来讲，"高校教师"一词属于集合名词，指的是在高校中从事教学和科研工作的人员的统称，包括全职教师和兼职教师。从狭义角度来讲，"高校教师"是指具有专业技术职务的人员。本书中的"高校教师"主要取其狭义角度的概念。高校教师流动属于人才流动的范畴，它具有人才流动的一般特征，但是高校教师这一职业又具有不同于其他人才群体的特质，因此其流动也具有自身特征。高校教师这一职业群体具有以下特征：一是具有较高的学历；二是具有较高的精神需求；三是思想具有一定的独立性；四是具有崇高的教育使命感。这些不同于一般人才的特征，使得高校教师流动与一般人才流动的原因和表现形式存在一定差异。

本书从人才流动的视角出发，分别从广义和狭义两个角度理解高校教师流动。从广义角度来看，高校教师流动既包括教师在高等教育领域和其他行业间、高等教育领域内部不同系间以及同一组织内部的流动，也包括教师在不同地区、不同国家间的地理位置上的流动，即广义的高校教师流动是指高校教师从一个地方移动至另一个地方，或从一种职业转移至另一种职业，或同一组织内部的流动。从狭义角度来看，高校教师流动具体指的是教师在高等教育领域内的流动活动，即教师以某种需求为动机在高等教育领域内的不同国家、不同地区和不同高校间的流动活动。狭义的高校教师流动不包括在不同行业间以及同一组织内部的流动活动。从狭义角度定义的高校教师流动将流动行为锁定在高等教育系统内部，强调的是教师资源在高等教育系统内的重新分配，教师总量并未减少。

本书重点关注的是狭义上的高校教师流动。对狭义的高校教师流动进行研究，主要是因为这种流动对于促进高校教师资源的合理配置、教师队伍结构的优化具有积极意义，同时研究对象也更加具有针对性。本书中的普通高等学校教师流动是指高校教师以某种需求为动机在不同地区和不同高校间的流动活动。著者利用各高校官网收集不同地区、不同高校中的教师简历信息，通过整理分析了解我国普通高等学校教师流动的频率、流动方向等具体情况，并从中总结出我国普通高等学校教师流动中存在的现实困境。

3. 普通高等学校教师合理流动

任何一种社会活动或者社会行为都需要接受符合社会科学一般理论的审视，或称为合理性审视。对于商业活动而言，其中的利益主体为投资人，因此对这类活动的合理性审视相对简单。在法律法规许可的前提下，一项商业活动如果可以得到投资人满意的回报，则这项活动就被认作是合理的[82]。而对高校教师合理流动的审视则是一个更为复杂的问题，高校教师在流动过程中必定会牵涉各种主体的不同利益，从不同主体角度对高校教师流动的审视结果也必然有所不同，因此对高校教师合理流动的审视需要从不同主体角度进行。高校教师流动的发生需要教师、高校组织和区域等各利益主体共同参与[83]，所以，著者从微观、中观和宏观三个层面出发，尝试对高校教师合理流动进行审视。

（1）微观层面：教师通过流动能否使自身需求得到满足

马斯洛的需要层次理论认为，人的需求可以分为五类，这五类需求并不是按一定顺序排列的，每个人对每类需求的渴求程度也并不完全相同。每一位教师都是一个独立的个体，由于受到不同生活经验、物质需求和对自我价值的追求等多种因素的影响，不同教师想利用流动去实现的需求也不相同：有些教师希望通过流动改善当前的经济条件，获得生理需要的满足；有些教师希望通过流动获得安全的工作环境，实现职业稳定有保障，从而获得安全需要的满足；有些教师希望通过流动满足职业发展、社会交往、感情等方面的需求，获得感情和归属需要的满足；有些教师希望通过流动获得同事和领导的承认、学生的尊重以及学界的认可，获得地位和受人尊重需要的满足；有些教师则希望通过流动不断发挥自身价值，实现自身理想，寻得自豪感、满足感、成就感而获得自我实现的需要的满足；也有的教师希望通过流动同时获得几类需求的满足。因此，从教师层面来看，判别高校教师流动是否合理的标准是通过流动能否使其需求得到更大程度的满足。

（2）中观层面：高校通过流动是否促进了组织的优化和发展

高校教师的聘用、解聘及岗位调整是教师流动的几种表现形式，而识别教师流动是否合理的重要标准之一就是高校人力资源是否得到了优化配置。高校人力资源有广义和狭义之分。广义的高校人力资源指的是高校内所有教职员工和学生的总和；狭义的高校人力资源指的是高校内的全体教职员工，包括专业技术、工勤和管理三大类[84]。本书所指的是狭义上的高校人力资源。高校人力资源配置是否合理直接影响组织能否持续健康发展。一方面，高校应依据学校未来发展的战略目标和整体发展规划配置人力资源，通过有效开发、分配和使用人力资源，实现自身的不断发展。在"双一流"建设背景下，许多高校为尽快跻身"双一流"行列而忽视自身发展需求，不考虑教师队伍结构需求，一味争夺有限的高层次人才，却无法将其有效"吸收"，不仅造成了人才浪费，而且不利于组织的发展。另一方面，高校教师有其特殊性，如综合素养高、知识水平高、创新能力强及社会影响力大等，因此，他们在工作中会不断追求自主性、多样性和独立性。这就要求高校在配置人力资源时兼顾管理对象自身的特殊性和组织本身的发展目标，以此来更好地进行人才方面的开发与管理，在保障人员总量符合要求的同时，充分考虑各类型、各层次的教师需求，确保各类教师的可持续发展，实现组织内部人尽其才、人岗相适、人事相宜。

此外，在高校内部，学科是进行学术活动的主要载体，是应用、传播和创新知识的基本单位，也是高等学校达成教育职能的基础[85]，因此，高校教师流动是否合理也要关注学科的发展情况。1985年5月，中共中央颁布了《关于教育体制改革的决定》，对于高校，提出要有计划建立若干个重点学科。两年后，国家教委组织了第一批国家层面重点学科的评选，标志着我国学科建设运动的正式启动。当前，随着"双一流"决策的提出，各高校在一流学科建设上的工作不断加强。有学者指出，高质量的学科规划应包括人才队伍计划，现有的人可以做什么，如何找到需要的人才，怎样引进，都需要进行详细而具体的规划[86]。从某种意义上讲，人才的优劣决定了学科建设成果的高低，不论哪一层面的学科建设都要依靠人才去实现。国外的实践经验也证明了一流人才队伍是创建一流大学和一流学科的基础，忽视一流人才队伍建设，就无法形成一流学科和大学。当前学界认为学科建设具有两个不同语义上的指谓：一是作为知识劳动组织的学科建设；二是作为知识体系的学科的不断发展与完善。也就是说，高校学科建设包括两个方面：一是增强学科组织在知识生产中的能力；二是完善学科知识体系[87]。因此，从学科建设层面来讲，判断高校教师流动是否合理的标准是通过教师流动是否促进了学科知识体系的完善，是否增强了学科创造知识的能力，是否促进了学科的优化和发展。

（3）宏观层面：通过流动是否促进了区域人力资源优化配置

当前，我国高校教师流动现象较多是跨区域流动[88]，例如我们常说的"孔雀东南飞"现象，即原工作于经济相对落后的中西部地区的高校教师流动到经济发达的东部沿海地区高校工作的现象。由于我国地域十分辽阔，各地区经济发展情况、人文环境、薪酬待遇、自然环境等差异较大，所以，从整体上看，我国人才流动表现出了从欠发达地区向发达地区流动的单向性。从高等教育应适应并适度超前于经济社会发展的角度来看，判断高校教师流动是否合理，既要关注其流动是否符合高校教师个体发展、是否促进了高校组织的优化发展，还要考虑其流动是否对区域人力资源优化配置起到了促进作用，是否对区域经济发展起到了引领作用。如果高校教师在流动过程中产出效能更大、释放出的人力资本更多，那么我们可以认为这种高校教师流动是合理的。

我们通常认为，同时符合个人及多数人利益的行为才是合理的，但现实情况是，各方利益需求是无法始终保持一致的。在高校教师流动过程中，教师个体诉求、组织利益、区域发展可能兼具一致性与矛盾性：教师个体要实现自我价值的满足，高校要实现优化发展，社会要实现人力资源的优化配置。判断高校教师流动是否合理，需要从微观层面、中观层面与宏观层面进行共同识别，即既要从宏观角度做到人力资源合理配置，也要考虑中观层面的优化配置，还要积极回应微观层面教师个体的价值诉求。需要明确的是，从这三个层次对高校教师流动合理性进行审视，只是对高校教师流动最优求解的限制条件。通过高校教师的流动来满足不同利益相关者的需求，才能使高校教师流动获得更好的解决方案。

4."高校教师流动"与"高校教师流失"的概念辨析

在关于高校教师流动问题的研究中，"流动"与"流失"是两个相近但并不相同的词，为避免二者混淆，著者认为有必要对高校教师流失与高校教师流动进行区分。

"流失"有三层含义：一是指土壤、矿石自己散失或者被水力、风力所带走；二是泛指有用的东西流散失去；三是指员工离开原单位另谋职业。现代经营管理之父法约尔（Henri Fayol）结合自身多年的工作经验提出了14条管理原则，其中第12条是关于组织内员工稳定的问题。他指出，员工流失会给企业造成风险，认为员工的非必要流动是影响企业正常管理的原因之一。"人才流失"的概念在20世纪60年代中期被提出，是指英国受过良好教育的人才不断流向美国。西方学者将"人才流失"称为"Brain Drain"，中文直译的意思是"智力流失"，形象地表明人才流失主要是一种智力损失。

人才流失一般表现为人才流出的数量与质量远远高于流入的数量与质量，或者人才已经失去在组织中的积极作用。人才流失会给一个组织、一个地区甚至一个国家带来非常严重的消极影响。人才流失包括显性流失与隐性流失两种表现形式。前者表现为员工主动或被动地与组织终止契约关系；后者表现为员工并未与组织解除契约关系，但是已经产生流动意向，开始将注意力放在与本职工作不相关的其他工作上的状态[89]。人才流失是一种伴随人才流动产生的相对现象，属于人才流动紊乱的一种体现。所以，人才流失必然是人才流动，但是人才流动并不意味着一定是人才流失[90]。

高校教师流失是指高校教师流出的数量和质量远大于流入的数量和质量，或高校教师对组织而言失去了积极作用，对一个高校、一个地区甚至整个国家带来的负面影响远大于正面影响。高校教师流失可分为隐性流失与显性流失。显性流失意味着大部分优秀教师离开了组织，而流入的教师无论是数量、能力还是学历方面都不足以填补空缺，师资队伍处在一种衰落状态。隐性流失是指教师产生流动意向，即使尚未正式离开，但往往也不会专注于本职工作，而是把大量时间和精力都花在了搜寻新职业或新岗位上，这会对工作质量产生严重的负面影响。所以，高校教师流失是一种负面的、非良性的现象。

综上，高校教师流动与高校教师流失之间是一种包含和被包含的关系，前者包含后者，后者是前者的一种表现形式。一般情况下，教师流失对高校来说是不利的。由于地区发展差异、高校层次差异等，我国高校教师流动表现出从欠发达地区流向发达地区、从层次较低的高校流向层次更高的高校的单向性，这种单向流动如果不能得到及时有效的管理，很容易造成强者愈强、弱者愈弱的"马太效应"，即欠发达地区和层次较低高校的人才不断流失，发达地区和高层次高校的人才不断聚集，这不利于我国高等教育的均衡发展。所以，本书对于高校教师流动困境的研究中包含对高校教师流失问题的讨论，并且在提出高校教师流动困境改善的对策中也包含缓解高校教师流失问题的相关对策。

（二）普通高等学校教师流动的类型

高校教师流动是以一定的方式进行的，根据流动方式不同可以将高校教师流动分成不同类别。著者通过梳理相关文献发现，由于分类标准、依据不同，研究者对高校教师流动的分类不尽相同。本书依据不同标准对高校教师流动进行分类：根据流动意愿不同划分为主动流动与被动流动；根据流动方向不同划分为横向流动与纵向流动；根据流动范围差异划分为系统内流动与系统外流动。明确高校教师流动类型，有助于更加深入地理解高校教师流动，同时为高校教师流动实践提供更具操作性的建议。

1. 主动流动与被动流动

根据流动意愿的差异，可以将高校教师流动划分为主动流动和被动流动。主动流动指教师为满足个人需求而产生的主观意愿的流动，他们或者是为追求更好的工作环境与发展平台，或者由于家庭情感的需求等而主动进行流动。被动流动指教师受到组织要求非自愿的、不得不离开的流动行为，如高校教师未能在规定时限内达到组织规定的要求，从而不得不发生流动。

为更加直观地理解高校教师主动流动和被动流动的情况，本书通过象限划分予以说明。依据高校与教师是否希望继续雇佣关系，可以把两者的雇佣关系分成四个象限（见图 2-1）。

在第一象限中，高校和教师都要结束雇佣关系，双方共同的决策结果是解除劳动关系。

在第二象限中，高校教师希望继续维持雇佣关系，但高校因为教师无法达到学校规定要求而希望终止雇佣关系。例如，"非升即走"制度规定，在高校的聘期内，教师必须完成学校规定的成绩指标，通过聘期考核的教师将被继续聘用，否则将被解聘。在这种情况下，教师或通过自身努力达到高校要求，或被高校解聘，即高校教师的被动流动。

在第三象限中，高校与教师都希望继续雇佣关系，两方经过决策的结果是教师继续留在原高校工作。

在第四象限中，教师认为校方无法满足自己预期的条件，做出中止雇佣关系的选择，但校方却希望能够与教师继续雇佣关系。此时，校方可能会通过提高教师的薪酬待遇等方法达到留住教师的最终目的，但是若高校方面经过努力仍无法满足教师需求，教师会选择离职，从而终止与高校的雇佣关系，这种流动属于高校教师的主动流动行为。

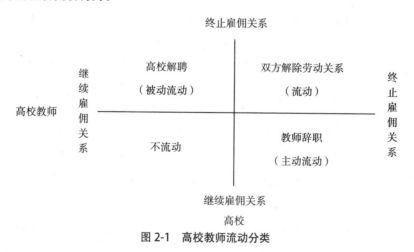

图 2-1 高校教师流动分类

在高校教师被动流动的情况下，由于主动权掌握在高校一方，符合组织自身的利益需要，这种流动一般不会给高校带来太大的负面影响。对于高校教师主动流动，当高校教师主动流动的比例过高时就会表现为一种高校教师流失问题，这种问题往往会给组织带来许多负面影响，如教师队伍结构失调、扰乱正常教学秩序等。研究高校教师主动流动对高校组织本身具有极大的现实价值，所以，目前大部分关于高校教师流动的研究主要指高校教师的主动流动。

2. 横向流动与纵向流动

根据流动方向的差异，可以把高校教师流动划分成横向流动与纵向流动。

横向流动指的是教师在同一高校内部的不同岗位间、不同高校间以及高等教育系统与非高等教育系统间的职业流动行为。这种流动可能引发其工作地点、工作环境等的变化，但并未对其社会地位产生质的影响。

纵向流动是指高校教师在流动过程中不仅在工作地点、工作环境等方面发生变化，其职称、职位等也发生了变化。考核晋升机制为高校教师建立了纵向流动的平台，教师只有在达到考核标准后才能顺利晋升，实现纵向流动。此外，21 世纪，我国各高校开始引入"非升即走"制度，这是从美国私立大学引入的高校教师管理制度，即新入职的教师若在高校设定的期限内没有按规定晋升到高级职称，高校将不再与之续聘，教师不得不放弃当前工作另谋出路。高校教师纵向流动属于一种学术职业分层现象，不在本书讨论的范围之内。本书所指高校教师流动主要是教师在高等教育系统内的不同高校间的横向流动，不考虑教师的纵向流动。

3. 系统内流动与系统外流动

根据流动范围差异，可以将高校教师流动划分为系统内的流动与系统外的流动。系统内的流动指的是教师在高等教育领域内部的流动，即从一所高校流动至另一所高校。系统外流动指的是教师在高等教育领域与其他领域间的流动，包括教师从高等教育系统流出至其他系统，也包括从其他系统流入高校教育系统中。

系统内流动是高校教师在高等教育系统内不同高校间的流动，无论流动到哪里始终是教师身份；系统外流动指的则是原本在高等教育领域之外的人通过流动进入高等教育领域内工作，成为一名正式的高校教师；同时，也包括一部分不希望或不适合从事高校教师行业的人员离开高等教育系统，另外发展其他事业。本书研究的高校教师流动主要是系统内流动，不包括系统外流动。

二、理论基础

高校教师流动是一个复杂的现象。针对高校教师流动的研究不能只停留在实践层面，还需要从理论上进行更加深入的探究。从理论视角研究高校教师流动问题，不仅能给研究者提供更多理解教师流动的视角，为研究教师流动问题提供坚实的理论支撑，而且能为解决实践中存在的教师流动问题提供更多的思路和解决路径。本书中主要用到的理论是推拉理论、人性假说理论和新公共管理理论，以下针对各理论的起源与发展以及在本书中的运用进行阐述。

（一）推拉理论

推拉理论（Push-Pull Theory）是来自人口学领域的理论。该理论对人口流动的动因进行了解释：人口流动是流出地的推力和流入地的拉力共同作用下产生的行为结果。流出地与流入地均存在各种引发人口流动的影响因素，对此古典推拉理论认为，劳动力的流动是由流入地和流出地的薪酬待遇存在差距而引发的。现代推拉理论认为，引起劳动力流动的原因不仅仅包括劳动力对更高工资的期望，还包括对职业发展规划的需要、生活环境的需要、接受良好教育的期望以及更加安定的社会发展的需要[91]。

1. 推拉理论的起源与发展

推拉理论可以追溯到 1885 年，英国学者莱文斯坦（E.G.Ravenstein）在皇家统计学会（Royal Statistical Society）官方杂志上发表《人口迁徙法则》（"the Laws of Migration"）一文。他对人口迁徙的距离、迁徙的阶段、城市与农村迁徙的差别、女性在短距离迁徙中的优势等方面进行了较为全面的分析，提出了著名的"人口迁徙七大规律"[92]。该理论从经济学视角出发对人口迁移进行解释，也是推拉理论的雏形。

20 世纪 50 年代，唐纳德·博格（D.J.Bogue）从运动学视角出发，更为系统地阐释了推拉理论。如他所述：人的流动行为受到了来自两种不同方向的力的作用，一种是推动人流动的力，一种是阻止人流动的力；当推力大于障碍力时，人就会发生流动行为。对于流出地来说，生产生活条件的落后、自然资源的枯竭、较低的收入等原因是推动当地人口流出的力量；流入地优越的经济发展情况和生活条件等是吸引人口流入的力量，在两种力量的共同作用下人口会在两地间不定期地发生流动行为[93]。

在此之后，一些学者对唐纳德·博格的理论进行了一定的修正。比较有代表性的是埃弗雷特·S. 李（S.L.Everett）在 1966 年提出的人口迁移模型（图 2-2）。该模型扩展了最初的推拉理论，并且成为后来人口流动研究领域最有影响力的理论之一。埃弗雷特提出，不论是流出地还是流入地，都同时存在着影响人口流动的正元素和负元素，以及对人口流动不存在任何影响的"0"元素。在人口流动过程中，当流出地的负元素大于正元素时，流出地就形成了推动人口流出的力；同样，当流入地的正元素大于负元素时，就产生了吸引人口流入的拉力。埃弗雷特认为，单纯的推力和拉力并不能使人做出是否流动的最终决定，还要考虑在迁移过程中可能遇到的阻碍因素。对此，埃弗雷特在原理论的基础上补充了影响人口流动的第三种力——中间障碍力，这种力包括物质障碍、语言及文化差异方面的障碍和空间距离的障碍等[94]。

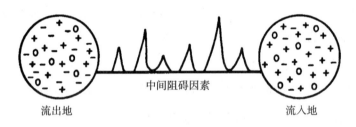

中间阻碍因素

流出地　　　　　　　　　　　　　　流入地

图 2-2　人口迁移模型

推拉理论是人口学研究领域被广泛接受的理论，它在一定程度上阐明了人口迁移的动因，且对于研究劳动力人口流动具有普适性。该理论对于高校教师流动的研究同样具有很强的借鉴性。

2. 推拉理论与本书的关系及其应用

推拉理论的拓展概念均是以作用力为圆心发展的，从不同角度探寻影响人口流动的作用力，对于人口流动具有一定的解释力。高校教师流动属于劳动力流动的一种表现形式，具有一般劳动力流动的特征。推拉理论系统地解释了劳动力流动的动因，对高校教师流动研究同样具有很强的借鉴意义，因而，在此基础上构建的理论模型对高校教师流动的作用力具有较强的解释力。但是，高校教师作为高层次知识型人才，不同于一般劳动力，具有自身的职业特殊性和群体特征，其流动也具有属于这一职业本身的特殊性和复杂性。所以，本书对推拉理论的应用需要充分结合高校教师群体的职业特征。

第一，具有较高的精神需求。高校教师作为典型的高层次知识型群体，受教育程度往往是各阶层中较高的，对自我实现要求也更高，培养人才、追求真理、探求未知是教师职业非常重要的价值取向[95]。作为学术人，高校教师除要满足基本的生活需求外，还要关注对自我精神层面需求的满足。

第二，具有较强的思想独立性。高校教师作为思想自由的高知群体，他们主观能动性强，受个体因素支配性较大，不太容易受到外界的影响。他们在高校教学和科研工作中起着主导作用，所从事的主要是依靠大脑进行的创新型工作，对于自我价值实现方式可以进行主观判别[96]。该群体具有较强的思想独立性和职业自主性，工作中更加注重自主发展和自我导向。

第三，具有较高的潜在流动性。从人力资本角度来看，高校教师流动的实质是凝聚在高校教师身上的学术资本的流动[97]，这种学术资本往往被看作是一种稀缺资源。随着高等教育的发展不断深化，高校对人才的渴求更加迫切，这种对有限学术资本的迫切需求加速了高校教师的流动。同时，高校教师能够通过流动获得学术的进步和职业地位的提升，并且具有是否进行流动自主选择权。在经济利益、职业发展和社会声望等因素的影响下，高校教师的潜在流动性很强。

第四，具有"双重"职业属性。高校教师既从属于工作高校，也从属于所在的学科专业。他们对学科归属感往往高于对高校组织的归属感，所以，高校教师为了达到提高自身专业能力的目的，会更加倾向于流动到学科平台更好的高校中工作。随着高校人事管理制度的逐渐开放，高校教师在拥有了自主流动权后，为不断提升自身教学和科研能力，最终会选择流向拥有更加优秀的学科平台的高校。

通过分析可以发现，高校教师流动的原因与一般劳动力不同，影响其流动的因素更加复杂，除作为社会人所追求的物质生活需求外，还有对追寻真理、探索未知等精神方面的需求。本书在推拉理论基础上力求充分结合高校教师职业特征，阐述其在本书中的应用。具体应用如下。

（1）构建高校教师流动影响因素的理论框架

埃弗雷特的人口迁移模型指出，流入地同时存在着影响人口流动的正元素和负元素，以及对人口流动不存在任何影响的"0"元素。同样，在高校教师流动过程中，流出高校和流入高校也存在着影响其流动的正、负元素以及没有影响的"0"元素。本书依据埃弗雷特的人口迁移模型勾画了高校教师流动作用力简化图，如图2-3所示。由图2-3可知，A高校与B高校都存在影响教师流动的正、负元素以及没有影响的"0"元素，在这些元素的综合作用下，高校教师会做出是否流动的最终决策。举例来说，A高校工作的教师可能对学校的薪酬待遇不满，那么薪酬待遇就是A高校中引发教师流动的正元素，此时，B高校能够提供更高的薪酬待遇，满足了该教师的预期，那么该教师就会选择从A高校流动到B高校。对于B高校的教师来说，由于无法提供给教师良好的发展平台，可能会产生引发教师流动的正元素，相比之下，A高校有着更广阔的发展空间，因此，B高校的教师就会选择流动到A高校。当然，引发教师流动的因素可能是多元且复杂的。另外，需要指出的是，图2-3中展示的只是两所高校间的高校教师流动作用力图示，本书涉及的高校教师流动指的是教师在两所及两所以上不同高校间的流动。

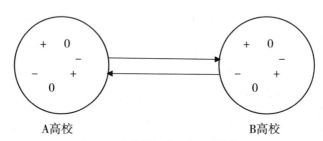

图 2-3 高校教师流动作用力简化图

高校教师在流动过程中同时受到流出高校的推力和流入高校的拉力共同作用。推力和拉力在抽象概念上是一对平行的作用力，也就是说，这两个力的作用方向是相同的。在本书中，关注的重点内容是高校教师的实际流动行为，在这一过程中哪些因素会引发高校教师流动行为。因此，本书重点对会引发高校教师流动的正元素进行研究，对于不会引发教师流动的负元素和"0"元素则不是本书关注的重点。基于推拉理论，著者构建了普通高等学校教师流动影响因素的理论框架，在分析我国高校教师流动影响因素以及各因素间的作用关系方面具有积极作用。

（2）设计访谈提纲

由上文可知，虽然高校教师流动具有一般劳动力流动的特征，但是高校教师又不同于一般劳动力，其具有自身职业特点，因此，对于高校教师流动的研究不能脱离高校教师这一流动主体，应该结合有过流动经历的教师的自身经验进行研究。但是，目前国内大部分研究主要基于国外研究成果或是基于自身经验，较少有通过实际访谈了解高校教师流动的实际动因，导致研究结论缺乏本土性和普适性。因此，本书利用访谈法对有过校际流动经历的高校教师进行调查，尝试从流动主体——高校教师层面出发，分析其流动的影响因素。

造成高校教师流动的作用力包括组织内部的推力和组织外部的拉力，同时这两种力又是由多种因素共同作用形成的，但是国内相关研究往往单纯从流出高校角度出发进行探讨，忽略了外界组织对高校教师流动造成的影响，导致研究结论单一。因此，本书基于推拉理论，从组织内部推力和组织外部的拉力两个作用力出发，设计访谈提纲，每个角度又从个体、高校和社会三个层面设计具体访谈内容，以求能更加全面地探究我国高校教师流动的影响因素。

（二）人性假说理论

人性假说是西方管理理论中的一个重要思想。由于人性的复杂性，研究者无法完全透彻地了解它们，因此，在关于人类行为的研究中需要将人性假说理论作为基础进行探索。

1. 人性假说理论的起源与发展

1957 年，美国学者道格拉斯·麦格雷戈在《企业的人性面》一书中首次提出了"人性假说"这一概念。该书指出，成功的管理影响因素虽然有很多，但是其中最重要的就是要拥有预测和控制人性行为的能力[98]。1965 年，美国学者埃德加·沙因（Edgar H. Schein）出版了《组织心理学》一书，其中提出了四种人性假说，得到了学界的普遍认可。

（1）"经济人"假说

"经济人"假说起源于启蒙运动的利己主义，是在 18 世纪由英国经济学家亚当·斯密（Adam Smith）提出的。亚当·斯密认为，人是有理性的，会追求自身利益的最大化[99]。随后，研究者对"经济人"假说提出了各自的观点。例如：穆勒（John Stuart Mill）和西尼尔（Nassau William Senior）提出了"自利原则"，认为自利人指的是能够计算且追求自身经济利益最大化的人；马歇尔（Alfred Marshall）将"均衡价值理论"和边沁（Jeremy Bentham）的"最大幸福原则"相结合提出了"效用最大化原则"。随着"经济人"假说进入管理学领域，该理论逐渐与管理实践有效结合在一起。沙因从企业员工的角度总结了"理性经济人"的具体内容，包括人的动机是受利益控制的，最终目标是要实现经济利益的最大化；而经济诱因往往被组织所控制，所以人往往是被组织控制进行工作；人是非理性的，这种非理性对人追求经济理论产生干预，所以组织必须对其加以控制[100]。"经济人"假说相当于麦格雷戈提出的 X 理论，但是 X 理论忽视了人的社会与心理需求，无法激励员工，甚至会造成生产效率低下。

（2）"社会人"假说

"社会人"假说是美国学者乔治·梅奥（George Mayo）提出的。他通过著名的霍桑实验发现了人的社会需求，认为人并非只关注自身的经济利益，也会不断追求友情、安全感和集体归属感。对生产效率产生最大影响的并非工作环境的好坏，而是组织中人际关系的好坏以及来自家庭和社会的关系的好坏[101]。这个发现隐含丰富的管理策略，例如：管理者要关注组织中员工的日常社交需求；要关注群体激励；关注员工的心理幸福感、归属感和认同感等。沙因将这种管理称为"家长式"管理，即管理者要像家长一样与员工相处，营造更多的非正式组织。

（3）"自我实现人"假说

"自我实现人"假说相当于道格拉斯·麦格雷戈提出的 Y 理论，属于马斯洛需求理论中的最高层次的需求。该理论认为，人会对组织产生疏离感是由于现有的工作很难让员工可以用一种更加自由和成熟的方式发挥自身能力[102]。沙因指出，人的需求有高低之分，最终目的都是要达到自我实现的需求；人们力求在工作中有所成就，不断发展自身的技术及能力；人可以进行自我控制和刺激，外界的干预会对人形成威胁，进而引发不良后果；人的自我实现并非与组织目标相冲突，而是能够达成一致的，个体应努力调整自身目标并使之与组织目标相配合。

（4）"复杂人"假说

人的社会化是一个贯穿终生的过程，以上几种人性假说均有其合理之处，但并非适合所有人，于是沙因提出了"复杂人"假说。该假说认为，人是复杂的，同一个人面对周围发生的变化也会产生各种变化，所以在组织中，管理者要根据不同的情境、不同的情况、不同的问题采取符合当时情形的手段进行管理[103]。

2. 人性假说理论与本书的关系及其应用

高校教师流动的主体是人，有人的地方就不能缺少对人性的研究。由于人性的复杂性，我们很难透彻地了解人的行为，此时就需要借助人性假说理论对人的行为进行分析。因此，本书尝试通过人性假说理论对高校教师流动行为进行分析。此外，对于管理者而言，对人性的认知是从事管理岗位的起点，成功管理的核心在于尊重人性。著者借助人性假说理论对高校教师流动过程中教师个体发生流动行为的原因进行分析，希望可以为管理者有效管理高校教师流动提供理论依据。

著者主要在第六章第二部分对普通高校教师流动微观层面影响因素的分析中运用到了人性假说理论。影响高校教师流动的因素既有来自高校的、社会的，也有来自教师个体的，其中高校教师是流动发生的核心主体，所以对高校教师流动影响因素的探究最不能够忽视的就是对高校教师个体的探究。著者通过实证研究梳理出了高校教师流动的影响因素。那么，这些影响因素与高校教师流动存在着何种关系？它们是如何影响高校教师流动的？为了能更加深入地分析这些问题，著者在分析高校教师流动的微观层面影响因素（高校教师个体层面）时借鉴了人性假说理论。具体而言，著者主要利用人性假说理论中的"经济人"假说、"社会人"假说和"自我实现人"假说，结合高校教师流动影响因素理论框架中关于高校教师个体层面的因素，分别从这三个角度对高校教师流动的微观层面的影响因素具体是如何对高校教师产生影响，进而发生流动行为的，进行了较为深入的探究。

（三）新公共管理理论

传统的公共管理理论是以韦伯的官僚制和威尔逊的政治行政二分法作为主要的理论基础的，但是，随着国际竞争日益激烈、经济全球化的推进以及技术革命的不断扩张，传统的公共管理理论疲态逐渐显现，已经不能适应新的国家形势，一些国家政府不得不寻找一种新的公共部门管理方式。在探索新型公共部门管理模式的过程中，很多国家都掀起了"公共部门管理的'全球化'"或"改革的普及"[104]的改革浪潮，"新公共管理"模式开始兴起。英国著名管理学家胡德（Christopher Hood）表示，新公共管理是 20 世纪 70 年代中期以后在公共管理领域中出现的一种十分显著的国际性趋势[105]。

1. 新公共管理理论的起源与发展

为了迎接全球化、适应信息化以及提高政府效率，20 世纪 70 年代后期，西方国家相继掀起了政府改革运动。在这场政府改革运动中，各个国家采取的具体行动虽然不尽相同，但核心要旨相似，即通过学习私营部门的管理经验提高公共机构的管理能力、减少公共支出、提高管理效率，更好地满足民众需求，提高民众对国家公共事务管理的参与度。

1991 年，欧文·E. 休斯（Owen E. Hughes）首次提出了"新公共管理"一词，他归纳出了新公共管理的七个要点[106]：一是公共部门专业化管理；二是重视产出控制；三是进行部门重组，采取分权式管理；四是明确的标准和绩效测量；五是引入竞争机制，提高服务水平的同时降低成本；六是学习并吸收私营部门的有效管理模式和方法；七是强调资源的有效利用和开发。英国学者温森特·怀特（Vincent White）指出，传统管理主义强调的是管理职业化、绩效评估合理化、绩效标准明确化；对管理水平进行评估要根据最终取得的成果，完全忽视管理程序是否正确；注重金钱价值；重视消费者的需求，忽视民众的需求，看重公共服务的针对性，忽视公共服务的普遍性。经济合作与发展组织 1995 年度公共管理发展报告把新公共管理的特征归纳为八方面：第一，转移权威；第二，保证控制、绩效和责任制；第三，发展竞争和选择；第四，提供灵活性；第五，改善人力资源管理；第六，改善管制质量；第七，优化信息技术；第八，加强中央政府的指导职能[107]。

在对以往新公共管理理论主要观点进行比较分析后，著者认为，新公共管理是指公共部门在改革过程中，将组织重构、管理改进和市场竞争作为核心的一系列技术、理念和方法的理论与实践体系。基本主张涉及以下两个方面：第一，为提升公共部门的业绩和效率，在公共部门中引入市场运行机制，提高公共服务的灵活性，以减少公共服务的原始成本；第二，构建多元化的监测机制，如质量保证、公共问责和绩效管理机制，从而获取公共部门的活动成果。

2. 新公共管理理论与本书的关系及其应用

与传统的官僚制管理相比，新公共管理理论突破了传统的行政身份，构建了以服务为主导的方法论，把执行公共政策和提供公共服务置于核心位置，强调政府只需要"掌舵"不需要"划船"。随着新公共管理理论的引入，政府管理运行方式发生了较大变化，从原本传统的、官僚的、等级森严的、僵化的行政管理转变为市场化的、顺应时代变化的、富于弹性的公共行政管理。

20世纪90年代之前的计划经济时期，我国政府拥有多重角色。例如，政府可以是高校的举办者、办学者、管理者。这种多重合一的政府角色造成的直接后果是政校不分、政府和高校关系混乱，导致政府在高校中的管理失灵。长期以来，我国高校一直处在政府的纵向约束管理环境中。但是，随着我国社会体制的变革，高等教育领域开始引入市场机制，高校教师流动更加自由，流动选择更加多元，流动频率逐渐攀升，我国的学术劳动力市场不断繁荣。在这种环境下，"恶性竞争""功利跳槽"等高校教师流动问题也相伴而生。如何促进高校教师合理有序流动成为我国高等教育领域亟待解决的重要问题之一。

在我国社会主义市场经济条件下，高校教师流动受到市场化配置的影响，但是由于目前我国学术劳动力市场机制仍然不健全，高校教师流动的市场化管理仍不够完善，无法对我国高校教师流动进行有效配置。新公共管理理论是在政府失灵、市场失灵的情况下提出的一种新的管理理念，旨在解决政府失灵的现实问题。针对我国高校教师流动受市场化配置影响的现实情况，著者借鉴了新公共管理理论的思想，结合我国国情和教育的公益性性质，在第七章第一部分普通高等学校教师流动困境改善的原则运用了该理论。笔者认为，若要促进市场环境下高校教师有效流动，需要调整政府和市场在高等教育管理中的关系，除了要强调市场的调节作用外，也要确保政府在市场失灵时能充分发挥其宏观调控职能，并且保证政府依法治教的责任，从而平衡高校行政管理者的权利和义务。针对高校教师流动不断加速的现实情况以及教师流动中出现的种种问题，本书借助新公共管理的理论思想，从市场、政府、高校三方出发，提出改善普通高等学校教师流动困境需要遵循的原则。

『第三章』

我国高校教师流动的历程与特征

改革开放以来，随着我国社会不断发展，高校教师流动状态也在不断变化。任何事物的发展都有其前因后果，人类社会的任何现象都与它的过去紧密相关，了解事情的过程才能够更好地了解它的今天。因此，梳理改革开放以来我国高校教师流动的历程，分析其特征对于深入探讨高校教师流动问题具有重要意义。

一、改革开放以来我国高校教师流动的历程

本书以我国社会发展和高等教育发展为主线，将我国高校教师流动历程分为三个阶段：计划经济体制下的"出国风"（1978 年至 20 世纪 80 年代中期），市场引导下的"下海"和"孔雀东南飞"（20 世纪 80 年代末至 90 年代末），市场主导下的"高层次人才竞争"（21 世纪至今）。

（一）计划经济背景下的"出国风"（1978 年至 20 世纪 80 年代中期）

党的十一届三中全会之后，我国进入改革开放和社会主义现代化建设新时期，各个行业都亟需具备良好文化素养的人才，但此时我国高等教育整体水平不高，暂时无法为社会输出足够的人才。众所周知，高校教师队伍质量是决定高等教育质量的重要条件，而改革开放初期，高校教师流动率较低，教师资源很难得到有效调配。这主要是由于在计划经济思维模式主导下，高校人事制度缺乏竞争与分流机制，高校教师流动机会较少，流动选择单一，教师和学校之间不存在自愿、双向的流动渠道。同时，在这一时期，我国高校教师整体结构也存在较大问题，主要表现为断层问题和老龄化问题十分严重。据统计，1985 年全国教授平均年龄为 65 岁，副教授平均年龄为 53.3 岁，讲师为 45 岁，高校教师平均年龄较国外高10—15 岁[108]。对此，各高校的普遍做法是将本校培养的优秀本科生留校任教，通过此方法，各高校新进了大批的青年师资。当时，具有硕士学位培养资格的高校很少，导致研究生学历以上的教师比例很低。截至 1986 年，专任教师中具有研究生学历的也仅有 8.1%。年轻教师比例少、学历低，缺乏流动资历，中老年教师有资历，但往往安于现状，流动意愿不高，流动水平也因此较低。

为适应改革开放对人才的渴求，邓小平大力倡导和支持各种出国留学项目，我国恢复了与西方国家在教育上的交流项目。当时政府制定的培养方案都是出于

这样一种考虑：提高学术水平，与国际学术界接轨。经济合作与发展组织的许多成员国在中国资助了一批发展项目，为中国学者提供了出国学习的机会。此外，一整套由世界银行资助的重大项目开始启动，在大约 180 所高等院校中资助了出国人员的进修[109]。最初出国的主要是中年知识分子，他们主要以访问学者的身份在一所国外大学学习两年，熟悉本专业领域的国外前沿动态。他们中许多人在 20 世纪 80 年代中期返回祖国，其中相当一部分人担任了所在大学的领导职务。20 世纪 80 年代中期，出国学习浪潮的结构发生了变化，新进任教的年轻人成为出国人员的主力，出国的形式以攻读海外硕士学位研究生和博士学位研究生为主。他们中有相当一部分人学成后并没有及时归国。据统计，1978—1987 年，国家共派出留学生 29 982 人，年均派出 3 300 多人，但毕业回国的留学生仅 12 910 人，有一多半的人没有回国。10 年或 20 年之后，这些人中不少人以海外华人的身份陆续回到国内进行投资、创业或者从事学术交流与合作，甚至受聘为国内重点高校的教授。虽然身份有所改变，但不管如何，他们都在以各种方式回报祖国当年的培养。因此，对于我国留学政策的意义，应该从一种长远的、战略的眼光来评价。

总体来讲，改革开放之初，我国高校教师流动渠道受阻，高校系统内部流动率低，"出国风"是当时我国高校教师流动的主要表现。

（二）市场参与下的"下海"与"孔雀东南飞"（20 世纪 80 年代末至 90 年代末）

20 世纪 80 年代末，随着市场化改革的不断推进，教育领域市场化改革的导向也越来越明显。1985 年 5 月，中共中央发布的《关于教育体制改革的决定》（以下简称《决定》）揭开了高校人事制度改革的序幕。《决定》指出，高等学校是教学、科研中心，而不是像苏联模式那样，要么负责教学，要么负责专业培训……大学有权控制课程内容，有权选择使用什么课本。《决定》认为应扩大学校的办学自主权。随后，国家陆续发布了一系列关于人才配置的政策法规，不断拓宽高校教师流动渠道。1986 年 3 月，国家教委、中央职称改革工作领导小组发布了《高等学校教师职务试行条例》；1991 年 4 月，国家教委、人事部印发了《关于高等学校继续做好教师职务评聘工作的意见》；1993 年 2 月，中共中央、国务院制定

并印发的《中国教育改革和发展纲要》提出高等学校要实行教师聘任制；1993 年
10 月通过的《中华人民共和国教师法》规定"学校和其他教育机构应当逐步实行
教师聘任制"；等等。这一系列政策法规的颁布放宽了高校的办学自主权，促进
了高校与社会和市场的对接。随着社会开放程度的提升，教师的主体意识、自主
意识也逐渐增强，这进一步增强了高校教师的流动倾向，教师流动呈现出越来越
活跃的特点。

20 世纪 80 年代末，各高校经受较大的经济压力，通货膨胀冲击着教师微薄
的工资收入，政府的财政拨款只包含教师的工资支出，仅仅维持着学校不关门。
此时，其他商业机会极大地吸引着高校教师，导致相当一部分教师要么流向别处，
要么改做他行，高校教师流向教育职业外的问题日趋严峻。1993 年初对 95 所高校
的调查显示，1981—1989 年补充的青年教师流失了 27%，并且其中有近半数的人
流向了高薪企业。

同时，高校在这一时期的用人自主权不断扩大，特别是教师职务聘任制实行
以后，高校教师在高校系统内部的流动现象也逐渐增多，中西部地区一部分高校
教师开始向东部地区的高校流动，出现了"孔雀东南飞"现象。其中，学历和职
称较高的中青年教师、骨干教师和学科带头人是主要流动群体。根据教育部人事
司高等学校教师队伍建设研究课题组的调查，从 20 世纪 80 年代末到 90 年代末，
西部 12 个省（自治区、直辖市）的学术人才大规模外流，中青年、高职务、高学
历教师流失比重高。宁夏大学在这 10 年间流失了 186 名教师（其中骨干教师 147
人，学科带头人 10 人），且年龄均为 45 岁以下；1986—1996 年，青海省高校花
费 200 多万元委托培养 160 余名大学教师攻读研究生学位，其中 85% 的教师利用
学校提供的学习机会流向东部地区的高校；1991—1996 年，西安交通大学共调出
599 名教师（含自动离职出国人员），其中 45 岁以下的中青年骨干和学科带头人
达 541 人，同期引进骨干教师仅 93 人。

20 世纪 80 年代末至 90 年代末，受区域经济发展不平衡、高等教育资源分布
不均衡以及"脑体倒挂"现象的影响，东部地区大学教师以"下海"为主，中西
部地区高校教师流向东部地区高校，流动方式由政府主导下的被动流动逐渐转向

市场参与下的主动流动。

（三）市场主导下的"高层次人才竞争"（21世纪至今）

21世纪以来，我国学术劳动力市场体系逐渐完善，高校教师系统内流动现象日趋增多，东部地区高校仍是吸引教师人才的主体。1999年，教育部相继印发了《关于新时期加强高等学校教师队伍建设的意见》和《关于当前深化高等学校人事分配制度改革的若干意见》，我国高校教师流动制度不断完善，高校教师流动有了制度保障。2011年7月，由科学技术部、人力资源社会保障部、教育部等七部门联合制定的《国家中长期科技人才发展规划（2010—2020年）》明确指出，要按照市场经济规律和人才规律，根据市场需求促进科技人才顺畅有序流动。2014年4月25日，国务院颁布了《事业单位人事管理条例》。从这之后高校逐步建立起"能上能下"的用人机制，高校教师流动逐渐走向由市场主导的阶段。

自1999年起，我国普通高校开始扩大招生，对教师需求量也开始增加。2004年8月，教育部发布了《普通高等学校本科教学工作水平评估方案（试行）》，同月，教育部高等教育教学评估中心正式成立，建立五年一轮的评估制度。由于高校声誉和生源与教学评估结果密切相关，教学评估工作的开启刺激了高校对优质师资的需求。

1999年，清华大学和北京大学率先在全国范围内实施了以校内津贴制度为重点的人事分配制度改革，为吸引国内外优秀人才创造了良好的平台，之后各高校纷纷效仿。各地政府也先后制定了一系列人才引进计划，如教育部的"长江学者"、河南省的"黄河学者"、福建省的"闽江学者"、山东省的"泰山学者"等。高校和政府引进优秀人才的做法极大促进了高校教师系统内的流动。据统计，1999年，系统内流动教师人数为6 417人，2000年增加到15 714人，到2003年系统内流动人数高达28 387人[110]。2015年10月，国务院印发了《统筹推进世界一流大学和一流学科建设总体方案》，高层次人才成为高校"双一流"建设的关键指标，高校对教师的需求从数量转向质量，学术劳动力市场呈现出前所未有的繁荣。

东部仍然是吸引高校教师的主要地区。以市场主导为背景，各地区及高校为不同层次人才制定了不同的引进标准，以年薪、科研资金、住房、生活补贴或安家费等作为吸引人才的主要条件。东北地区高校和西部地区高校在经济条件、社会发展水平以及自然环境上均处于劣势地位，人才引进条件也落后于东部地区高校。例如，西部与东北地区高校向不同层次人才提供的引进条件低于中部与东部地区；东部地区高校提供的平均年薪及平均生活补贴（安家费）高于中部、西部、东北地区；中部地区高校的科研经费及住房面积高于其他地区[111]。据调查，截至2017年11月，在2007—2015年共8批1191位"长江学者"特聘教授中，约有99位"长江学者"发生流动。其中，大多数"长江学者"特聘教授沿着传统学术上升渠道进行校际流动，62人流入"985"高校或"211"高校，25人流入一般地方高校，4人流向科研机构，7人流向中国港澳和国外高校，1人离开高等教育系统进入政府部门。其中，东部地区、西部地区、东北地区、中部地区流出的"长江学者"占总人数的比例分别为：7.78%、8.42%、9.09%、11.59%，对流入者而言，大多数选择东部地区。从高层次人才输出的规模以及人才吸引力方面来看，处于人才流动"顺差"的地区包括广东省、北京市、浙江省、福建省、上海市等；处于人才流动"逆差"的地区包括湖南省、吉林省、江苏省、甘肃省、黑龙江省等[112]。这一时期，中西部、东北地区高校教师大规模流向东部地区高校的趋势有所减弱。

二、改革开放以来我国高校教师流动的特点

（一）流动导向由"政府本位"转向"市场本位"

改革开放初期，高校教师流动主要由政府调配，流动是"为了发展国家重点建设项目与行业以及解决地区科技人才不足的问题"。随着市场经济体制改革的不断深入，市场机制在高校教师流动中不断发挥作用，流动转向以实现资源优化配置为目的，高校可自主设置教师岗位和聘任教师。同时，教师解除了职务终身制和人才单位所有制的束缚，拥有了一定的自主择业权利，高校和教师之间逐步形成了在平等基础上的双向选择关系。高校教师流动从强制性调配逐渐发展为鼓励性的引导，流动导向由"政府本位"转向"市场本位"。

计划经济时代，我国高校人事调配主要由政府负责，高校没有人事自主权。在该时期，教师的职业是"铁饭碗"，教师不用担心失业，但也无法自由进行流动，

基本被终身限制于一个岗位上。随着市场机制的引入，我国学术劳动力市场逐渐活跃。此时，对于高校教师而言，流动渠道被打通，流动权开始掌握在自己手中。1993 年，《中华人民共和国教师法》出台，规定"学校和其他教育机构应当逐步实行教师聘任制"。高校和教师自此建立起平等互选的关系。2015 年后，在"双一流"建设背景下，高校对教师人才的渴求不断攀升，教师流动机会也随之增加。教师的流动带动了知识的流动，不同知识领域的不断碰撞和融合促进了学术繁荣，减少了"近亲繁殖"造成的学术阻滞。高校教师流动机会的增加，既合理地配置了高校教师资源，又极大地促进了政府和高校对人才的进一步重视。高校教师在流动过程中，社会经济地位不断提高，自我价值得以实现。

（二）流动方向由"系统间流动"转向"系统内流动"

20 世纪 80 年代末，随着市场经济体制的逐步完善，市场化程度较高的行业迅速崛起，其从业人员的劳动报酬和收入水平获得了显著提升。相比之下，因教育体制的特殊性以及相对稳定的薪酬体系，高校教师收入增长相对缓慢。许多优秀的教师为了追求更高的经济收益和更广阔的职业发展前景，选择离开高校，转向其他更具吸引力的行业。之后，随着国家科教兴国、人才强国战略的实施，高校教师的社会地位不断提升，工作条件得到了显著改善。政府加大了对高等教育的投入，提高了教师薪酬，同时出台了一系列优惠政策，以吸引和留住人才。这些举措使学术职业的吸引力逐渐增强，从高校离开的教师数量增幅开始下降。与此同时，学术职业门槛逐步提高，高校对教师的专业素养和学术能力提出了更高要求。这使得从其他行业向高校流动的难度增大，许多没有学术背景的人才很难跨越这一门槛。在多种因素的综合作用下，职业间流动的教师数量逐渐减少，高等教育领域内部的人才流动逐渐成为主流。

（三）流动标准由"量的指标"转向"质的需求"

自 1999 年我国高校扩招政策实施以来，高校对教师的需求量呈现出持续增长的态势。为了吸引国内外优秀人才，进一步提升学校的学术水平和教学质量，各地高校纷纷行动起来，积极搭建优质的学术平台。在这一背景下，高校教师年平均流动量不断攀升。

2015 年 10 月，国务院印发的《统筹推进世界一流大学和一流学科建设总体方案》为我国高校"双一流"建设绘制了宏伟蓝图，并提供了坚实的政策保障。这一方案的实施，不仅明确了我国高等教育的发展方向，也加速了我国高等教育进入世界一流队伍的步伐。在此背景下，各高校对人才的需求发生了深刻变化，从过去主要追求教师数量的增加转向追求高层次人才。为了吸引和留住高层次人才，各高校纷纷提供具有竞争力的薪酬待遇、一流的教学和科研环境以及广阔的职业发展空间。这种竞争态势使高层次人才流动率显著增加，并且成为当前高校教师流动的主要动力。

三、改革开放以来我国高校教师流动的作用分析

改革开放以来，我国高校教师流动主要经历了以下过程：从计划经济时代国家统一调配，到市场引导阶段高校教师向系统外流失严重，再到市场主导阶段高校教师系统内流动增多。学术劳动力市场在不断探索中逐步完善，虽然在这一过程中存在些许问题，但总体来看，高校教师流动对促进高等教育的发展具有积极作用。

（一）高校教师流动打破一岗定终身的固化现象

任何事物都是在运动中发展变化的，教师个体在发展变化，教师群体也在发展变化，我们应当用动态的眼光来看待教师队伍建设。普利戈金的耗散结构理论认为，任何社会系统必须通过与外部系统进行信息、物质和人才的交流，才能求得自身的稳定发展，一旦终止了与外部的交流，系统就会陷入停滞和危机。从高校与社会来看，高校是一个小系统，社会是一个大系统。高校只有不断与社会进行信息、物质和人才交流，才能得以稳定、持续发展，有流动才会有活力。科学创造活动离不开个体充分发挥自觉能动性在竞争中求发展这一过程，在高校教学、科研领域更是如此。由于在相同思维领域中有不同学派、不同学术观点，高校教师的学术争鸣不可避免。竞争是人类活动的客观需要，也是教师业务活动的必然，更是一种正常的互动提高过程。如果没有适当的竞争，久而久之，教师势必会产生职业倦怠，工作上不思进取，得过且过，其教学工作只能不断走下坡路。高校教师在流动过程中存在竞争关系，充分发挥竞争的作用，有利于提高教师的业务素质，促进高等教育事业的发展。

（二）高校教师流动促进了高校内部"新陈代谢"

不可否认，当前高校教师队伍中有部分教师思想素质相对较低，专业基础不牢固；随着信息化时代知识更新速度加快，部分高校教师原有的知识结构日益老化[113]。这要求高校加快教师队伍的"新陈代谢"。从科学管理人才的角度来看，高校教师的合理流动是提高教师队伍素质的有效措施。因为高校教师队伍的数量是否适当，需要通过流动来平衡，高校教师队伍的结构是否合理也只有通过流动才能调节。"流水不腐，户枢不蠹"，没有流动，教师队伍就会变成一潭死水，不可能充满朝气和活力。

美国人才流动率遥居世界之冠，平均每人一生流动 12 次，在一些竞争激烈的高新技术产业，人才流动率甚至高达 30%—50%。人才的全方位流动所产生的"杂交优势"，使人才的创造力和创新思维能力不断得到开发和提升。当前，国外名牌大学十分重视利用人才流动来提高教师的整体水平。这样做不仅可以防止"近亲繁殖"，而且可以通过教师的相互交流实现取长补短，互相启迪，兼收并蓄，促进教学科研水平的提高。

（三）高校教师流动促进了学术劳动力市场完善

学术劳动力市场作为对学术劳动力资源进行配置的专门市场，是市场力量和学术力量相互结合和相互作用的产物，其形成主要归因于学术职业的流动。在计划经济时代，高校教师配置受政府调控，这使得高校教师一般不存在自由流动的权利，学术劳动力市场的形成也就无从谈起。在市场经济背景下，高校开始扩大办学自主权，高校教师开始拥有流动自主权，高校组织与教师在平等的条件下互为选择，此时学术机构对优质教师的争夺促进了学术职业流动，进而导致学术劳动力的市场化[114]。

学术劳动力市场具有传统劳动力市场的共性，同样由供给方、需求方及劳动力价格三个核心要素构成。在学术劳动力市场中，供给方指的是学术人才，他们具备各种专业知识和技能，能满足高等教育、科研机构对学术研究和创新的需求；需求方则涵盖对这些学术人才有需求的机构和个人，他们通过提供岗位、项目和研究机会来吸纳和利用学术人才；劳动力价格则指学术人才的薪酬和待遇，是市场供求关系的重要反映，也是学术人才流动和调整的重要驱动力。学术劳动力市场通过其内在的多重机制，如供求机制、价格机制和竞争机制，不断地影响和推动着人才资源的流动和调整。这些机制相互作用，使学术人才能在不同地区、高校和岗位之间实现有效配置，从而确保供求关系能较好地趋于平衡。在学术劳动力市场中，供求机制起着基础性作用。当某一地区或高校对学术人才的需求增加时，会吸引更多的学术人才流入；反之，当需求减少时，则会导致部分学术人才流出。价格机制则通过调整学术人才的薪酬待遇来反映市场供求关系的变化，进而引导学术人才的流动。

第四章

我国高校教师流动的政策演进

纵观改革开放以来我国高校教师流动的发展历史，经历了 20 世纪 70 年代末期至 20 世纪 80 年代中期以"出国风"为主要表现形式的流动，20 世纪 80 年代末期到 20 世纪末期以"孔雀东南飞"和"下海"为主要表现形式的流动。不难发现在不同的时代背景下，我国高校教师流动表现出了不同的流动形式。随着 21 世纪的来临，在我国高校教师自由流动权利的不断扩大以及国家开始鼓励人才流动等多种因素的催发下，高校教师流动进入一个十分活跃的时期，教师流动的选择更加多样，流动方式更加多元，流动水平不断提高。但是，在这样的现实情况下，我国高校教师流动政策却滞后于高校教师流动的实践，专门性的政策法规仍然缺乏，在已有的政策文本中，多数是宏观性的指导意见和规定，并且杂糅在各类人事管理政策当中，内容简要零散；相关配套政策仍然不够完善，无法有效保障高校教师的自由流动。当前，面对我国高校教师流动开放而复杂的局面，政府部门对于高校教师流动的关注度不断提高，高校教师流动政策也在不断发展完善。对高校教师流动政策的演进进行梳理和分析，对于深入认识高校教师流动规律、指导高校教师流动实践具有积极作用。本章主要通过对 21 世纪以来我国高校教师流动政策的发展历程和演进逻辑进行梳理与分析，构建我国高校教师流动政策的发展脉络与框架。

一、普通高等学校教师流动政策的发展历程

著者根据我国普通高等学校教师流动政策的发展情况，将 21 世纪以来高校教师流动政策的发展划分为两个阶段：第一阶段为 1999—2011 年，表现为高校教师流动政策探索阶段；第二阶段为 2012 年至今，表现为高校教师流动政策内涵发展阶段。以下针对这两个阶段我国普通高等学校教师流动政策进行梳理与分析。

（一）普通高等学校教师流动政策探索阶段（1999—2011 年）

21 世纪是知识经济的时代，各个国家对于人才的渴求越来越强烈，竞争也随之表现出不断加剧的态势。在此背景下，我国各所高校也开始不断推进人力资源管理的改革，过去那种被动的、计划的、由政府主导的人力资源调配方式逐渐过渡到现在开放的、自主的人力资源调配方式。除此之外，我国高等教育领域内部

的改革也促进了高校人力资源管理的不断发展与完善。例如，从 1999 年开始，各高校不断扩大招生规模，导致我国高校教师缺口逐渐增大，在这一时期十分热门和新开设的专业中教师短缺的情况更为严重，使我国高等教育领域对于教师的需求量不断增加，也在一定程度上造成高校教师流动规模开始增大。此外，为督促高校不断提升自身教学质量，教育部于 2002 年发布了《普通高等学校本科教学工作水平评估方案（试行）》，又于 2004 年对该方案进行了修订，建立起了五年一轮的本科教学评估制度。由于每一次的评估结果对于一所高校的社会声望、未来生源量等都存在着较大影响，高校对于优质师资的渴求不断加剧。总体来看，在 1999—2011 年高等教育领域的改革不断刺激着高校对于教师，尤其是优质师资的需求不断扩大，高校教师流动不断加速，学术劳动力市场空前繁荣。但是，这一时期我国与高校教师流动有关的政策却相对滞后，高校教师流动的管理主要以人事制度改革、全国人才规划和劳动力市场体系建设为依据。

1. 以人事制度为指导的高校教师流动政策改进

21 世纪初期，各所高校围绕劳动力聘任制开始了人事制度的改革，主要依据事业单位人事制度的相关政策，对高校教师流动政策进行改进。2000 年 7 月，《关于加快推进事业单位人事制度改革的意见》提出要全面推行聘用制度，转变现有固定的、单一的用人方式，促进事业单位中的人才流动[115]。该意见对于我国用人制度改革产生了强有力的推动作用，改变了过去由政府进行统一管理的传统用人模式。2010 年，人力资源和社会保障部发布了《关于进一步规范事业单位公开招聘工作的通知》。2012 年，人力资源和社会保障部发布了《事业单位工作人员处分暂行规定》等。这些文件的出台不仅加速了我国事业单位用人机制的革新，也消除了人才流动的身份障碍与体制障碍。

随着我国事业单位人事制度改革的不断推进，高等教育领域针对人事制度改革迅速做出了反应。2000 年，《关于深化高等学校人事制度改革的实施意见》出台，提出要推行高校教师聘用制与全员聘用合同制，对高校教师的管理从过去的"身份管理"转向"岗位管理"。高校人力资源管理应尝试建立起一种"能进能出，能上能下"的良性用人体系。基本做法是，进一步加强教师岗位的分类管理，强化岗位聘任，下放教师聘任管理权，规范教师职务任职资格评审，采用灵活的用人机制[116]。这标志着我国高校与教师的劳动关系从过去的"终身化、身份化"逐步转变为"契约化、市场化"，高校教师的自由流动权利逐渐扩大。2007年5月，《关于印发高等学校、义务教育学校、中等职业学校等教育事业单位岗位设置管理的三个指导意见的通知》出台，其全面改革了高校中的岗位设置方式。这些政策加速了我国高校用人机制的革新，同时也消除了高校教师流动的身份和体制壁垒，高校教师管理逐步过渡到了岗位聘用与职务聘任相统一的环境中。

随着我国事业单位人员聘用制度的不断落实，相关配套政策也开始陆续出台。例如，为了进一步规范事业单位的招聘行为，人事部于2005年11月16日发布《事业单位公开招聘人员暂行规定》，其中明确提出可以对具有博士学位或者高级专业技术职务的应聘人员以直接考核的方式进行公开招聘。同年12月，人事部办公厅印发《事业单位聘用合同（范本）》，针对应聘者与用人单位之间义务和权利可能存在的争议给出了处理样例，进一步推动了聘用制的落实；为了规范事业单位的收入分配，2006年，人事部和财政部印发了《事业单位工作人员收入分配制度改革方案》《事业单位工作人员收入分配制度改革实施办法》，明确了事业单位新的收入分配改革方向：将岗位作为中心，构建与岗位责任、实际贡献和工作绩效的紧密联系，以及鼓励创新创造的激励分配措施[117]。绩效工资的实施表明高校开始将市场机制引入人事管理中，在一定程度上推动了我国学术劳动力市场的持续发展。

2. 以全国人才规划为方向的高校教师流动政策改进

在国家开始鼓励人才流动的背景下，为打破制度性障碍对我国人才流动产生的影响，我国政府开始加快脚步制定人才规划的政策制度。2002年，我国首个综合性的人才队伍建设规划纲要——《2002—2005年全国人才队伍建设规划纲要》（以下简称《纲要》）出台，其中明确提出要进行户籍制度改革，加快推进医疗、失业、养老及工伤等社会保障方面的制度改革，避免制度对人才流动产生阻碍。此外，《纲要》还要求国家逐步建立人才统计指标体系，探索不同形式的人才流动，从而为人才流动提供制度性保障。次年，《中共中央国务院关于进一步加强人才工作的决定》颁布，其提出要依据法律法规维护各类人才以及用人单位的合法权益，保证人才流动过程中的有序性与开放性。2011 年 7 月，《国家中长期科技人才发展规划（2010—2020 年）》出台，其中提出要依照市场需要促进科技人才有序顺畅流动。人才流动相关政策的出台使我国人才在流动过程中突破了制度壁垒，保障了人才流动的合法权益，对于完善我国人才流动的政策体系起到了十分积极的作用。

在我国人才流动的制度壁垒被打破的同时，一些非良性的人才流动现象也随之产生，其中最为明显，也最为研究者所关注的就是区域间人才的单向流动问题。我国人才的单向流动问题长期存在，造成了东北、西部等欠发达地区的人才不断流向东部发达地区，其重要原因包括我国各地区经济发展水平不均衡、自然环境差异较大等。为缓解我国人才的非良性流动问题，我国政府迅速做出反应，出台了一系列相关政策。2003 年 10 月，中共中央、国务院联合印发《关于实施东北地区等老工业基地振兴战略的若干意见》，其中提出要振兴东北地区等老工业基地，成立国务院振兴东北地区等老工业基地的领导小组和办公室专门对该意见的任务落实负责。2004 年，中共中央办公厅、国务院办公厅联合印发《贯彻落实中央关于振兴东北地区等老工业基地战略，进一步加强东北地区人才队伍建设的实施意见》，其中强调了加强东北地区人才队伍建设的紧迫性及重要性，并提出要解放思想、更新观念，加大引才引智力度，提高东北地区人才资源开发整体效益等。针对西部人才流失问题，相关部门也制定并实施了一系列针对缓解西部人才流失的政策。2002 年 2 月，中共中央办公厅、国务院办公厅联合印发《西部地区人才开放十年规划》，其中提出人才是西部大开发的关键所在。在未来 10 年，西部大开发战略成败的关键在于能否培养出一支宏大的高素质人才队伍。为加快西部大开发战略实施步伐，同年 12 月《2002—2005 年全国人才队伍建设规划纲要》出台，其中指明了西部人才队伍建设的具体方法：首先要稳定当前的人才队伍，培养当前急需人才，开发民族人才；其次要积极引进人才，持续打造出高素质的人才队伍。

这一时期，在我国高校教师流动不断增速的背景下，有关高校教师流动的专门性政策仍处于缺失状态，高校教师流动的各项权益无法得到有效保障，教师流动中出现的区域流动失衡问题也十分明显。此时，我国高校教师流动主要以全国人才规划为方向，全国人才规划政策在一定程度上使高校教师在流动过程中涉及的各项权益得到了保障，同时对于解决高校教师流动中出现的区域失衡问题也起到了一定的指导作用。

3. 以劳动力市场体系建设为参考的高校教师流动政策改进

为了能够更好地为各类人才以及用人单位服务，加快推进人才市场建设的步伐，我国政府出台了一系列政策给予回应。2000 年 11 月 30 日，《全国人才市场供求信息分类标准》印发，其指出从 2001 年开始人事部会定期公布全国人才市场的供求信息情况，向全社会及时、准确地公布国家人才供求的具体情况。2002 年 3 月 21 日，《关于进一步加强劳动力市场建设完善就业服务体系的意见》颁布，其中明确提出了建设劳动力市场的各项标准。同年 9 月，《中外合资人才中介机构管理暂行规定》出台，这一规定主要是对刚刚兴起的人才市场中介机构进行规范。2004 年 2 月，人事部出台《关于加快发展人才市场的意见》，提出了加快我国人才市场发展速度的 13 条政策与措施。2007 年 8 月通过的《中华人民共和国就业促进法》首次提出"人力资源市场"概念。此后，人力资源和社会保障部下发了《关于进一步加强人力资源市场监管有关工作的通知》《关于加强统一管理切实维护人力资源市场良好秩序的通知》《关于加强人力资源服务机构诚信体系建设的通知》等一系列人才资源市场的相关政策。这一阶段，我国初步建立了人力资源服务体系，初步确立了劳动力市场政策体系，对于我国高校教师流动起到了促进与保障作用。

在我国劳动力市场不断完善的同时，我国政府开始鼓励全国人才自由有序的流动。2010 年 6 月，《国家中长期人才发展规划纲要（2010—2020 年）》颁布，指出要建立起基本的人才流动机制，要依据市场经济规律和人才发展规律，鼓励科技人才顺畅、有序流动[118]。党的十八届三中全会提出了"建设统一开放、竞争有序的市场体系，是使市场在资源配置中起决定性作用的基础"这一重要论断，使市场在资源配置中的作用越来越大。2014 年，《关于加快发展人力资源服务业的意见》提出了建立健全专业化、产业化、信息化以及国际化的人力资源服务系统的发展目标[119]，进一步明确了人力资源服务的各项要求。这一时期，我国劳动力市场建设体系的政策基本确立，为高等教育领域中学术劳动力市场的构建提供了宏观上的政策指引。

从整体来看，1999—2011 年我国高校教师流动政策处于探索发展阶段，高校教师流动管理主要依据人事制度、全国人才规划以及劳动力市场相关政策进行，尚未出台专门性的高校教师流动政策，也未建立起完善的、专门性的高校教师流动管理政策体系。

（二）普通高等学校教师流动政策的内涵发展阶段（2012 年至今）

2012 年 3 月，《教育部关于全面提高高等教育质量的若干意见》出台，其中提出要调整学科、层次、类型以及区域布局，以适应国家和地区经济社会的发展需要，满足人们接受高等教育的多样化需求；严格实行高校教师资格制度，全面实行新进人员的公开招聘制度；完善高校教师分类管理和分类评价办法，明确各类教师的任职条件与岗位职责，制定聘用、考核、晋升、奖惩办法[120]。该意见的出台明确了我国高校教师管理制度未来改革的方向以及高等教育内涵式发展的基本方向。

1. 高校教师流动障碍被进一步消除

长期以来，我国高校教师管理都是以编制管理模式为主，这种管理模式虽然保障了高校教师工作的稳定性，使高校教师这一职业成为人们口中的"铁饭碗"，但是，这同时也成为限制高校教师流动的制度性障碍。为了破除这种制度性障碍，我国事业单位人员评聘方式逐渐转向公开聘任的方式，高校教师流动渠道也逐渐开放。为规范事业单位人事管理工作，使事业单位内工作人员的合法权益得到保障，2014年 4 月，国务院颁布了《事业单位人事管理条例》，将传统的人事评聘方式转变为按发展需求设岗、按岗位条件进行公开招聘的方式[121]，为劳动力市场主导的高校教师流动提供了指导。我国高校属于事业单位性质，受此条例要求，高校教师公开招聘工作开始如火如荼地进行。2015 年，北京市委办公厅、市政府办公厅发布了《关于创新事业单位管理加快分类推进事业单位改革的意见》，其中指出要保留现有高校的事业单位性质，探索不再纳入编制管理[122]。该意见的提出为我国高校教师流动扫清了巨大障碍，为高校教师自由流动创造了良好的大环境，高校教师开始逐渐摆脱被编制左右的一岗终身制的固有思维模式，拥有了自由流动的权利。

2. 高校教师流动规范性政策陆续出台

为了更加有效地提高我国高等教育的国际竞争力，2015年国务院印发了《统筹推进世界一流大学和一流学科建设总体方案》，这一方案的出台开启了我国高校"双一流"建设的新时代。一流大学和一流学科的建设归根结底需要依靠优秀的人才进行驱动，此时高层次人才成为各方关注的焦点，高校对于师资队伍建设的思路逐渐从"量"的增加转向"质"的提高。由于高层次人才稀缺，许多高校为吸引有限的高层次人才，并尽快跻身"双一流"建设行列，开始利用各种方式和途径"抢人""挖人"。一些高校和地方政府为了吸引更多的优秀人才不惜用"砸钱挖人""三高政策""三不政策"等诸多违反学术劳动力市场规则的方式抢夺人才。这种现象不但造成了高等教育资源的浪费，还严重干扰了学术劳动力市场的正常秩序。高校教师流动的正常秩序被扰乱，这些问题也逐渐引起了我国政府的重视，陆续出台了一系列相关政策进行规范。2013年，《教育部办公厅关于进一步加强和规范高校人才引进工作的若干意见》出台，其中提出支持高层次人才向我国中西部地区的高校流动，不鼓励东部高校向中西部高校引进长江学者[123]。2017年1月，教育部颁布的《关于坚持正确导向促进高校高层次人才合理有序流动的通知》明确提出高校间不可以将高薪酬高待遇作为抢挖人才的手段[124]。同年，《教育部教师工作司2017年工作要点》[125]《中共教育部党组关于加快直属高校高层次人才发展的指导意见》[126]陆续出台，前者强调"规范各区域间高校教师流动，遵循契约精神，避免恶性竞争"，后者强调"不鼓励东部地区高校从中西部、东北地区的高校引进人才，支持东部地区高校向中西部、东北地区高校输送人才"。

此外，针对我国高层次人才频繁流动引发的不良问题，我国政府也出台了相应政策进行缓解。2021年1月4日出台的《教育部等六部门关于加强新时代高校教师队伍建设改革的指导意见》明确提出坚决杜绝不按规定引进人才，未经人才计划主管部门的同意，在支持周期内离开相关单位和岗位的，取消其人才称号及相应支持[127]。同年12月，教育部召开新闻发布会，教育部高等教育司司长吴岩在谈到关于下一步加大中西部教育振兴的工作举措时表示：要支持西部高校设立"西部振兴人才岗"，对于中西部尤其是西部高校中的高层次人才，若在聘期内离开西部地区，应取消其相应的称号和经费支持[128]。为遏制高校教师在流动中出现违背科研诚信问题，地方政府也做出了积极响应：青海省人才工作领导小组办公室于2021年12月3日发布了《关于撤销王明强等39人人才称号的通知》，该通知称决定对王明强等39人给予撤销"昆仑英才"称号、追回科研项目经费并追回奖金、撤销荣誉称号等处理[129]。高校教师流动规范性政策的出台，对于促进我国高校教师有序流动，遏制人才流动中出现的不良现象具有十分积极的作用。

3. 高校教师流动的法治建设不断完善

教育法治建设是教育发展的重要议题，对于我国高等教育领域而言，其法治建设也正处于一个不断推进的过程当中。2015年12月27日，在《中华人民共和国高等教育法》实施后的第17年，第十二届全国人民代表大会大常务委员会第十八次会议通过修改《中华人民共和国高等教育法》的决定；伴随着2016年新修订的《中华人民共和国高等教育法》的实施和全面依法治国战略的不断深入推进，我国高等教育法治建设开始进入全面深化期；2021年4月29日，第十三届全国人民代表大会常务委员会第二十八次会议通过修改《中华人民共和国教育法》的决定。2021年11月29日，《中华人民共和国教师法（修订草案）（征求意见稿）》公开征求意见，其中第二十四条规定：高等学校教师招聘应当坚持兼容并包的原则，以促进学术交流、学科发展。这些都标志着我国高等教育领域法治建设处于不断深入阶段。

新修订的与高等教育相关的法律法规对原本相对滞后、不合理的法律条款进行了修改和完善。总体来看，目前我国高校教师流动的相关法律法规尚不完善，但是现有的法律法规对于我国高校教师流动也具有一定的法律保障。从依据政策管理教育到依据法律管理教育再到教育法治，是我国教育治理演变过程的重要表征，也是依法治国战略在教育领域的重要体现[130]。所以，必须重视在我国教育事业发展过程中教育法治建设发挥的积极作用，不断完善我国高校教师流动的法治建设。

二、普通高等学校教师流动政策的演进逻辑

进入 21 世纪以来，随着我国市场化机制的介入，高校和地方对优秀人才需求的不断扩大，教师个体需求的差异化以及不断变化，高校教师流动呈现出了复杂多变的特点。在此背景下，为促进高校教师有序流动，相关政策得到了适时的调整。从整体来看，我国高校教师流动政策的演变逻辑体现在以下三个方面。

（一）政府、高校、教师是高校教师流动政策演进的主体

政策的制定需要明确各政策相关主体以及各主体的角色和应具备的职能，因为"所有与制度变迁相关、表示了相应态度、施加了相应影响和发挥了相应作用的主体"[131]，每个与政策相关的主体，都可能会影响政策的演进过程，高校教师流动政策的演进过程也是如此。从我国高校教师流动政策的演进情况来看，政策相关主体主要包括政府、高校和教师。

首先，政府是高校教师流动政策制定的主要推动方。由于政府在高校教师流动政策的制定上能够提供制度性服务和组织保障，所以高校教师流动政策的制定主要受制于政府，而且高校教师流动政策的实施也需要通过政府进行推动。在面对高等教育领域的新形势以及出现的新问题时，政府具有承担主要责任和引领方向的重要作用，若缺少政府的参与，高校教师流动政策将难以制定、出台和发挥作用。其次，高校的参与也在高校教师流动政策制定中起着不可忽视的作用。高校是教师流动政策的主要实施者。政府制定并出台高校教师流动相关政策后，需要由高校方进行具体的政策执行工作，并将政策有效落实。高校需要依据政策规定情况并结合自身实际进行政策的实施工作，形成特色化的高校教师流动制度。可以说，高校是教师流动政策的重要执行主体，承担着教师人事制度改革试点的重要任务。最后，教师个体是发生流动行为的重要主体，教师会根据自身需求与未来发展规划做出是否流动、流向哪里的决定。虽然，我国高校已拥有人事管理自主权，高校教师也逐渐拥有自由流动的权利，能够在学术劳动力市场中按照个人需求进行流动，但是高校教师这一职业具有特殊性，若将高校教师流动完全交给市场配置很容易发生不合理的流动现象，影响高等教育的健康发展。例如，"孔雀东南飞"现象就是指我国区域经济发展不均衡造成的高校教师单向流动趋势。

这一现象造成了我国高校间、地区间的师资配置差距不断拉大，非常不利于高等教育公平。面对这些不合理的流动现象，为优化我国高等教育资源布局，政府会出台相关政策予以制约。也就是说，教师个体行为对于推进高校教师流动政策演进具有促进作用。

从总体来看，21世纪以来，我国高校教师流动整体呈现增速趋势，但这一时期高校教师流动治理主要以人事制度改革、全国人才规划等为方向和指导，政府并未出台专门针对高校教师流动的治理政策。此后，我国高校教师流动中出现的不合理、无序现象日趋增多，逐渐引起了社会各界和政府的关注。在此背景下，政府陆续出台了一系列有关高校教师流动的规范性政策，以达到促进我国高校教师合理有序流动、优化高等教育领域人力资源配置以及促进高等教育公平的最终目的。

（二）优化高校教师队伍结构是高校教师流动政策演进的动力

优化高校教师队伍结构始终是推动高校教师流动政策演进的重要因素。尤其是在进入21世纪后，随着知识经济时代的来临，人才对于国家发展的重要性不言而喻。高校是人才输出的重要基地，其肩负着为国家培养优秀人才的重要任务，而优秀的教师队伍对于培养优秀人才具有十分重要的作用，所以，进入21世纪以来，国家对于优化高校教师队伍结构的重视程度进一步提升。通过梳理和分析我国高校教师流动历程，可将21世纪以来我国高校教师流动政策的动力机制分成两个阶段：一是市场式资源配置阶段（1999—2011年）。进入21世纪后，市场化思想影响着社会的方方面面，高校教师流动也受到了一定影响。过去国家统一调配高校师资的方式已不再适应当今的经济社会发展。为改变这一情况，国家出台了《关于加快推进事业单位人事制度改革的意见》，提出了"人员能进能出，职务能上能下"的良性用人机制。高校教师逐渐拥有了流动自由，拥有了自主选择理想工作单位的权利。二是指导式资源配置阶段（2012年至今）。高校教师流动渠道打通后，教师流动开始呈现增速趋势。在此过程中，我国一些欠发达地区缺乏竞争优势，导致当地高校教师流失问题日益突出，严重影响了我国高等教育公平。此时，国家意识到由市场主导的教师资源配置方式十分不利于欠发达地区高等教育发展，需要进行协调与引导。于是，一系列引导性政策陆续出台，《教育部办公厅关于进一步加强和规范高校人才引进工作的若干意见》《关于坚持正确导向促进高校高层次人才合理有序流动的通知》等文本中都有针对欠发达地区人才流失问题的应对措施，这些政策对于缓解我国欠发达地区高校教师流失问题具有积极作用。

在我国高校教师流动政策的整个演进过程中，政府参与了政策变革的各个阶段，其主要目标是通过创新高校教师流动政策，不断改善高校师资队伍结构，规范高校教师流动方向，缩小欠发达地区与发达地区高校教师数量与质量的现实差距，满足不同时代的发展需求。进入 21 世纪后，我国社会经济体制改革的深化，高校人事自主权的不断扩大，学术劳动力市场的建立与不断完善，都在时刻影响着高校教师流动政策演进的内容与方向。为了不断提高我国高校师资队伍水平，促进学校与教师之间的良性互动，使高校能够选择到适合自己的人才，教师能够选择到满意的岗位，高校教师流动政策逐渐解除了教师职务终身制的限制，教师与高校的地位逐渐平等，教师拥有了更加广阔的择业空间。此外，在高校教师流动加速的当下，面对我国高校教师流动过程中出现的种种问题，国家通过宏观政策调控进行规范，避免了我国高校教师无序流动现象的加剧，促进了我国高校教师队伍不断优化。

（三）路径依赖是高校教师流动政策演进的路径

"路径依赖"理论是由美国经济学家道格拉斯·诺斯（Douglass C. North）提出的，他用物理学中的"惯性"比喻路径依赖现象，他认为一旦进入某一种路径之中，无论这种路径是往好的方向还是坏的方向，都可能对这一路径产生依赖性。对于一个组织的未来发展而言，走向好的路径对于组织能够起到正向推动作用，使组织发展进入良性循环当中；而走向坏的路径则会对组织产生负向作用，在这种路径下继续走下去，组织极有可能会陷入某种低效状态并导致发展停滞，当组织处于这一状态中时想要脱身是十分艰难的[132]。历史制度主义的制度变迁理论指出：政策和制度形成之后，会在之后的运行过程中形成自我强化机制。对此，有一些极端看法认为为了避免任何可能对原有制度的改变，政策选择会受到十分严格的控制。由于路径依赖在不断地发生着作用，导致已形成的制度很难发生变化，从而形成了"锁定效应"。我国高校教师流动政策制定有着清晰且确定的路径依赖，主要遵循的是"逢山开路，遇水搭桥"的策略，当外界环境发生变化时，新的政策会在原有政策的基础上由点及面地进行改进和推行。从总体来看，我国高校教师流动政策的路径依赖表现在以下三个方面。

第一，众所周知，高校教师是高等教育领域的核心资源，优秀的高校教师队伍对于推动高等教育的不断发展具有积极作用。所以，高校教师流动政策的演进始终是围绕着如何优化高等教育领域的师资队伍结构、提高高校教师队伍建设水平而展开的。第二，每一项新的高校教师流动政策的出台并不是一个全新的制度重构，而是与以前的政策之间存在着明显的继承性及相关性。高校教师流动政策的制定往往是在过去政策的基础上，通过分析已经取得的成果以及接下来将会面临的挑战，为了适应接下来高等教育领域的发展需要进行调整的。第三，高校教师流动政策要服务于国家的战略需求。在经济体制转型的背景下，国家一般会通过调整人才结构来更好地服务于社会的发展需求，而高校教师流动政策的制定也是这种思维的延续。也就是说，高校教师流动政策的演变是依据外界环境的变化而变化的，例如，随着我国经济体制改革和高等教育发展环境的变化，高校教师流动政策也会产生相应变化[133]。

从总体来看，我国高校教师流动政策的演进过程暗含着政府、高校等相关利益主体关于现有制度的看法、态度和预期，还包含各利益主体依据自身角度而做出的理性选择，因此这些利益主体被看成是理性行动者。对于政府主体而言，长期以来，政府方始终把握着路径依赖的形成，而高校方一直受行政主导，始终遵循并执行政府的要求。在学术劳动力市场中，如果政府方始终发挥对高等教育领域的宏观调控作用，那么高等教育领域相关政策，包括高校教师流动政策都会始终存在着浓厚的行政干预色彩，形成政府、高校等相关主体间的行政协同效应。高校是高校教师流动制度管理的另一重要主体，关于高校教师的任职要求、评聘及解聘流出、岗位准入条件等均要服从行政政策的规定。在此背景下，高校方面在教师流动制度变迁过程中往往不具主动性，只能简单服从行政主导下的种种政策规制，这种忽视高校参与的情况对于高校教师流动制度变迁存在不容忽视的消极影响。

21世纪以来，我国高校教师流动渠道被逐渐打通，同时在五年一轮的本科评估政策、"双一流"建设等政策的加持下，各个高校对于人才的需求不断提高，使得我国高校教师的流动速度呈现攀升趋势，与此同时，高校教师流动形式也日趋多元。这无论对于教师个体，还是高校组织，甚至是区域发展，均具有积极意义。首先，从理论层面来看，耗散结构理论认为一个系统若要从无序走向有序，需要不断地与外界进行物质和能量的交换。对于高校系统而言，优质的师资队伍是高等教育发展的重要支撑，如果一所高校中的师资队伍结构僵化，庸者不能下，能者不能上，这一组织将会成为一个封闭的系统，切断与外界环境的联系与交流，这势必会造成高校，乃至高等教育发展滞后。也就是说，高校系统若要保持有序的发展状态，需要依托高校教师的合理有序流动，不断促进高校系统与外界环境进行能力与信息的交换，调和高校教师供需矛盾，实现人力资源优化配置，促进高层次人才价值的创造和实现，营造良好的学术生态，这也直接影响着高等教育系统中教师队伍建设的整体成效和建设高等教育强国伟大目标的实现。其次，对于教师个体而言，透过库克的创造力曲线来看，高校教师的创造力表现为增长和衰落的周期性。要想使教师始终保持良好的创造力，就需要采取强烈激励措施来激发教师的创造激情。如果长期在同一环境中工作，教师的创造激情会受到抑制，积极性会逐渐衰退；或者教师长时间处于一个环境中，会对环境失去兴趣，认为他们无法适应和改变。而适度的流动可以使人面对一个新的环境，从新的环境中重新进行个人定位，形成正向预期，使创造力可以再次走向一个新的生命周期。所以，高校教师通过流动有助于实现自身价值、保持创造力。再次，对于高校而言，作为实施高等教育的主要机构，高校承担着教学、科研和服务社会的重要职能。教师是促进高校发展最为核心的战略要素，发挥着非常重要的作用。正如梅贻琦先生所言："所谓大学者，非谓有大楼之谓也，有大师之谓也。"[134] 高校依靠教师，通过教学达到培养人才的目的，通过科研达到发展知识的目的，通过培养人才以及创造知识达到服务社会发展的目的。可以说，高等教育竞争就是人才的竞争，就是对优秀教师的竞争。"双一流"建设是我国高等教育领域继"985工程"

和"211工程"后又一重大国家战略，对于提升我国高等教育综合实力以及全球竞争力具有积极作用。一流大学和一流学科需要一流教师队伍作为支撑，打造一流教师队伍需要通过教师流动予以加持。通过教师流动不但能够实现能者上、庸者下，为更优秀的人进入高校腾出充足的空间，不断优化师资结构，而且有助于打破学术"近亲繁殖"，缓解高校学术发展僵化的情况，对于提高教师队伍整体质量具有积极作用。最后，对于区域发展而言，由于我国地域辽阔，各区域经济发展情况、生存环境、高等教育发展情况等存在很大差异，高等教育发展要尽可能适应并适度引领当地经济社会发展。但事实上，我国高等教育发展整体呈现出"东强西弱""中部塌陷"的局势，各地区高校教育水平差距较大，区域间服务经济社会发展的差异也很大。为改善这种局面，国家采取了一系列措施扶持发展较为落后的地区的高等教育，以促进我国高等教育发展均衡。优质的师资队伍是高等教育发展的重要支撑，如果师资队伍结构僵化，庸者不能下，能者不能上，势必会造成高等教育发展滞后，无法有效服务于所在区域，影响区域经济发展。而高校教师流动对于一个地区的高等教育发展乃至区域经济发展能起到支持作用，所以对于有序的高校教师流动应予以支持。

『第五章』

普通高等学校教师流动
基本特征及困境

在高等教育领域中，高校教师流动具有一定普遍性。正如阿特巴赫教授所言：这种流动并不新鲜，并且已经持续相当长的一段时间[135]。在不同时代背景下，我国高校教师流动呈现出不同的特点：在计划经济时代，高校受政府统一调控，高校教师基本是一岗定终身，很少发生流动行为；到了市场化经济时代，高校拥有了更多的自主管理权，使得高校教师可以根据自身意愿选择是否流动、流动到哪里；近些年，随着我国市场经济的不断发展，各个行业对于人才的需求不断增加，其中高等教育领域对于优秀人才的渴求同样愈发强烈，促使高校教师流动进入活跃期。当前，我国高校教师流动的空间不断扩大，流动时间越来越短，流动频率越来越高，流动方式愈发多样[136]。在此背景下，一些无序流动现象随之发生，如许多高校被动卷入"短平快"的绩效化竞争格局，利用各种不符合市场规则的方式抢夺人才[137]，使学术劳动力市场处于一种不健康的状态。目前我国高校教师流动现状如何？在流动过程中究竟存在哪些困境？著者通过收集各高校官网中高校教师的简历信息，构建普通高等学校教师的简历数据库，并对此数据库进行统计分析，归纳了我国高校教师流动的规律和特征。

一、普通高等学校教师简历数据的收集

（一）样本选取

为从整体上了解我国高校教师流动情况，本书在全国范围内通过各高校官网对高校教师的简历进行抽样和分析。为了使抽样结果更加合理，本书按照地理区域，将我国高校划分为 7 个区域，依次是华南地区、西南地区、华东地区、华北地区、西北地区、东北地区和华中地区，然后从各区域中分别随机抽取 2～4 所大学，再通过这些高校的官方网站收集教师的简历信息。著者在对教师的简历进行收集的过程中发现，部分高校官网的教师简历缺失，无法获得有效数据，遂将此类高校从初始样本中剔除，然后补充其他教师介绍详细的高校，最终共确定 20 所高校。这 20 所高校的分布情况，如表 5-1 所示。

在确定具体的高校样本后，著者继续从各高校中抽取了 3～6 所学院的所有教师成为简历信息收集的对象。在样本收集过程中，有的教师缺少完整的简历信息。

著者会利用百度等搜索工具进行搜索，如果仍无法搜索到相关信息，则删除这样的个案。截至 2021 年 8 月 30 日，著者共收集了 1863 位高校教师的简历信息，即本书最终使用的"普通高等学校教师流动样本数据库"。

表 5-1　20 所高校在全国各行政区的分布情况

序号	所属地区	选取高校数量 / 所	选取的高校名称
1	西南地区	3	西南大学、西安交通大学、昆明理工大学
2	华南地区	3	中山大学、广西大学、华南理工大学
3	华中地区	2	湖南大学、中南大学
4	华东地区	4	华东师范大学、上海交通大学、复旦大学、同济大学
5	华北地区	2	北京理工大学、清华大学
6	西北地区	3	兰州大学、青海大学、宁夏大学
7	东北地区	3	哈尔滨理工大学、吉林大学、大连理工大学

（二）数据编码

在收集到高校教师简历样本信息后，根据研究需要，著者对相关数据进行了编码，如表 5-2 所示，将简历文本转化成了数字型信息，便于后续分析。

表 5-2　高校教师简历编码信息

类目类型	编码类目
院校信息	地区（1-1）、高校名（1-2）、所属院（部 / 系 / 所）（1-3）
先赋性因素	出生年份（2-1）、性别（2-2）
后致性因素	最高学位（3-1）、职称（3-2）、学科（3-3）
职业经历	参加工作年份（4-1）、初入职高校（4-2）、二职开始年份（4-3）、二职高校（4-4）、三职开始年份（4-5）、三职高校（4-6）、四职开始年份（4-7）、四职高校（4-8）、五职开始年份（4-9）、五职高校（4-10）

（三）样本构成

本书最终收集到的高校教师简历样本的来源地区、院校及学院分布情况如表 5-3 所示，性别和职称分布情况如表 5-4 所示。其中：共收集到男性教师简历信息 1251 份，女性教师简历信息 612 份；正高级职称的教师简历信息 820 份，副高级职称的教师简历信息 748 份，中级职称教师的简历信息 287 份，初级职称教师简历信息 8 份。

表 5-3　高校教师样本地区、高校及学院分布情况

单位：个

地区	西南	华南	华中	华东	华北	西北	东北	合计
高校数	3	3	2	4	2	3	3	20
学院数	4	5	4	5	6	3	3	30
个案数	149	294	215	360	460	162	223	1863

表 5-4　高校教师样本性别、职称分布情况

单位：份

性别	正高	副高	中级	初级	合计
男	638	440	166	7	1251
女	182	308	121	1	612
合计	820	748	287	8	1863

通过观察本书收集到的"普通高等学校教师流动样本数据库"发现，该数据库中拥有正高级职称的教师样本数量最多，副高级职称和中级职称教师样本数量次之，初级职称教师的样本数量最少。这可能与我国高校教师职称整体分布存在一定差异有关。这是通过各高校官网获得的教师简历信息，且是目前能够获得的最为全面的高校教师流动信息的途径，对于研究我国高校教师流动问题具有一定的代表性，所以本书最终以此数据库为基础对我国高校教师流动问题进行分析。

二、普通高等学校教师流动的基本特征分析

随着我国要素市场化配置不断深入，高校教师流动不断加速。我国高校教师流动的具体情况究竟如何？流动呈现出哪些特征？针对这些问题，本书以"普通高等学校教师流动样本数据库"为数据分析基础，利用 SPSS 统计分析软件对上述问题进行具体分析和讨论。

（一）普通高等学校教师流动的情况概述

为了解我国高校教师流动的具体情况，著者利用 SPSS 统计分析软件对高校教师流动频次、流动的先赋性因素差异、后致性因素差异以及高校教师流动的地区性差异进行了数据分析和讨论。

1. 高校教师流动频次

利用"普通高等学校教师流动样本数据库"，可以知道我国高校教师在高校间的就职次数和流动次数。高校就职次数是指高校教师在其职业生涯中先后供职过的高校数目，本书中不包括兼职的高校。高校就职次数的数值越大，说明教师流动性越高。此数目减掉 1 就是高校教师流动次数。作为对高校教师校际流动的平均情况的衡量指标，高校教师就职次数和高校教师流动次数这两个指标的作用是等同的。

从表 5–5 可以看出：没有任何校际流动经验的高校教师占比 80.5%；在有过校际流动经历的高校教师中，有过 1 次校际流动经历的教师最多，占比为 15.9%；有过 4 次及以上校际流动经历的高校教师占比最少，仅为 0.2%。进一步计算教师高校就职次数的均值，可知我国高校教师的平均就职次数为 1.23 次，进而计算出高校教师的流动频次为 0.23 次。著者将这一数据与其他国家（地区）的高校教师流动情况进行比较，发现我国高校教师流动尚显不足，对此下文会进行更加详细的讨论。

表 5-5　高校教师流动次数情况

流动次数	0 次	1 次	2 次	3 次	4 次及以上	合计
频数 / 人	1500	296	52	12	3	1863
频率 /%	80.5	15.9	2.8	0.6	0.2	100

2. 高校教师流动的差异性分析

（1）部分先赋性因素对高校教师流动存在显著影响

先赋性因素指的是个体与生俱来的，一般情况下无法改变的因素。本书关注的先赋性因素主要包括教师的性别和年龄。著者利用 SPSS 统计分析软件中的独立样本 t 检验和单因素方差检验对问卷数据进行统计分析，结果如表 5–6 所示。

表 5-6　高校教师流动频率的先赋性因素差异

先赋性因素		流动人数 / 人	流动比例 /%	均值 ± 标准差	P
性别	男	261	71.9	1.27 ± 0.584	0.002*
	女	102	28.1	1.18 ± 0.463	
年龄	35 岁及以下	51	14.0	1.61 ± 1.064	0.179
	36—45 岁	123	34.0	1.48 ± 0.961	
	46—55 岁	167	46.0	1.21 ± 0.991	
	56 岁及以上	22	6.0	1.13 ± 1.125	

注：*表示 sig 值小于 0.05。

从性别上来看，统计结果表明男性教师与女性教师流动频率存在显著性差异，即性别与高校教师流动频率存在相关性。其中，男性教师的流动比例为 71.9%，女性教师的流动比例为 28.1%，前者流动比例远远高于后者。许多学者对于性别与教师流动之间关系的研究结果也表明，女性教师流动性往往低于男性教师。对于这种现象，许多学者给出了相关的解释：芭比泽特和休斯（Barbezat & Hughes）认为绝大多数女性教师的配偶往往从事的也是学术职业，由于学术职业的稳定性相对较高，女性教师流动性可能就相对较低[138]。此外，杰拉德等人（Gerlad et al.）认为即使是单身女性，在寻找工作过程中也会因为性别而受到限制[139]。另有研究者提出了性别收入惩罚的主张：流动会造成女性教师收入减少，所以会抑制女性教师的流动行为。芭比泽特等人的研究结果回应了这一主张，他们发现女性教师在更换工作后，一般会损失 8% 左右的收入，所以女性教师往往表现出更低的流动率[140]。国外学者从不同角度对男性教师与女性教师流动性存在较大差距进行了分析。从家庭角度而言，著者认为中国与西方对于家庭和婚姻的态度存在一定差异。对于中国家庭而言，"家本位"的思想深入人心，虽然目前男女平等的观念逐渐深入人心，但是现实情况是女性对于家庭的付出往往多于男性，对于工作稳定的需求也往往更高。在面对工作与家庭的选择时，女性一般会倾向于回归家庭。这是女性教师尤其是已婚已育的女性教师流动性远远低于男性教师的重要原因之一。

从年龄分布上来看，不同年龄阶段高校教师的需求和面临的压力存在较大差异。35 岁及以下年龄阶段的教师往往刚开始职业生涯，他们的教学、科研能力处于初期成长阶段，面临着职称评定、非升即走等压力，同时生活上肩负着偿还房贷、抚养子女等责任。36—45 岁年龄段和 46—55 岁年龄段的高校教师经过多年磨炼，他们的教学能力强、科研产出多，已经成长为高校教师队伍中的中坚力量。56 岁及以上的教师通常已经拥有一定的学术成就和学术地位，是高校教师队伍中的学术骨干群体。以往关于年龄和高校教师流动关系的研究结果存在较大差异。如安布罗斯等人的研究发现年龄和教师流动率存在差异性，年纪较轻的教师往往具有更高的流动率[141]。但是在本书中，在统计学意义上年龄对高校教师流动频率的影响并不显著，即不同年龄段的高校教师在流动频率上没有显著差异。这可能是由于在我国学术劳动力市场不断开放的背景下，高校教师有了更多自主流动的机会，无论处于哪一个年龄阶段的高校教师都可以根据自身需求选择是否流动。

（2）后致性因素对高校教师流动存在显著影响

后致性因素指可以由本人控制的，决定他的社会地位和评价的各种因素，主要包括受教育程度、工作成果和技能水准等个人可控制或改变的因素。本书中主要关注的高校教师后致性因素包括学历、职称和学科三个方面。利用 SPSS 统计分析软件的单因素方差分析方法对高校教师流动频率的后致性因素差异进行检验，结果如表 5-7 所示。

表 5-7　高校教师流动频率的后致性因素差异

	后致性因素	流动人数 / 人	流动比例 /%	均值 ± 标准差	P
学历	本科	2	0.5	1.21 ± 0.579	
	硕士研究生	21	5.8	1.17 ± 0.463	0.036*
	博士研究生	340	93.7	1.24 ± 0.553	
职称	正高	240	66.1	1.39 ± 0.694	
	副高	92	25.3	1.13 ± 0.371	0.000***
	中级及以下	31	8.6	1.09 ± 0.311	
学科	人文社科类	73	20.1	1.32 ± 0.647	
	自然科学类	80	22.0	1.37 ± 0.619	
	工程与技术科学类	71	19.5	1.30 ± 0.553	0.037*
	农林科学类	70	19.3	1.21 ± 0.458	
	医药科学类	69	19.1	1.20 ± 0.548	

注：*** 表示 sig 值小于 0.001；* 表示 sig 值小于 0.05。

从学历情况来看，统计意义上的显著性分析结果显示，不同学历的高校教师流动频率具有显著性差异。进一步进行组内差异分析，结果显示，拥有博士研究生学历的高校教师表现出了更高的流动率。一般来讲，学历是学术劳动力市场中的通行证，学历越高往往就意味着在学术劳动力市场中拥有流动的资本，拥有在不同高校间流动的选择权。而对于拥有硕士研究生学历的教师，尤其是拥有本科学历的教师在高校间流动的资本较少、主动权较小，在学术劳动力市场中不具优势，流动机会较少，表现出相对较低的流动率。

在职称方面，统计学意义上职称对高校教师流动频率具有显著影响，不同职称高校教师的流动频率存在极显著性差异。其中，正高级职称教师的流动比例最高（66.1%），其次是副高级教师（25.3%）和中级及以下职称的教师（8.6%）。究其原因，正高级职称教师在高校教师职称结构中处于最高等级，属于组织当中十分重要的人力资源，在学科建设上具有重要作用。在当前"双一流"建设的背景下，许多高校为尽快跻身"双一流"行业，不惜通过"高薪挖人"的方式吸引更多拥有正高级职称的教师或拥有优质学术资本的学术带头人。从理性人角度来看，在"高薪"和"平台"的诱惑下，部分教师的流动意愿极易受到影响，流动频率也相对较高。副高级职称的教师通常处于学术的爆发期，在前期工作的不断积累下，教学能力、科研能力不断增强，此时积累的学术资本能够支持他们的流动想法和行动，会表现出较高的流动性。中级及以下职称的教师一般是入职不久的新生力量，教学和科研经验不足，对组织环境尚处于一种适应状态，如果实际工作和他们的预期存在较大出入，也很容易产生流动意愿。但是，由于许多高校更加关注对于高职称、高层次人才的引进，而中级及以下职称的教师往往尚未获得流动资本，并不容易流动到心仪的高校，在还未发现更加适合的流动机会前他们不会轻易选择流动，这也是此类教师流动频率相对较低的重要原因之一。

在学科方面，统计结果表明不同学科的高校教师流动频率存在显著性差异。其中，自然科学类的教师流动比例较高，为22.2%；其次是人文社科类，流动比例为20.1%；农林科学类、工程与技术科学类和医药科学类教师流动比例虽然相对偏低，但是与自然学科类和人文社科类相差不大。

（3）不同地区高校教师流动存在显著差异

一般社会学的研究表明，城市化、产业化水平越高的地区，往往是经济越发达的地区，人口流入率往往也越高。我国高校教师的地区间流动是否也遵循这种趋势？为了解我国高校教师流动的地区差异，本书继续利用"普通高等学校教师流动样本数据库"进行分析。著者参照我国地区的一般划分方法，把高校所在地区划分为华东地区、华中地区、华南地区、华北地区、西北地区、西南地区和东北地区。如表5-8所示，我国高校教师流动频率存在地区性差异。华北地区高校教师流动比例最高，华东地区和华南地区次之，西南地区和西北地区高校教师流动比例相对较低。

表5-8　高校教师流动频率的地区性差异

地区	流动比例 /%	均值 ± 标准差	P
华北	25.1	1.24 ± 0.533	
华东	20.9	1.30 ± 0.585	
华南	20.4	1.27 ± 0.600	
华中	12.7	1.27 ± 0.572	0.003**
东北	10.5	1.08 ± 0.315	
西南	7.4	1.15 ± 0.398	
西北	3.0	1.23 ± 0.615	

注：** 表示 sig 值小于 0.05。

为更加深入了解我国各区域高校教师流动情况，著者整理出了不同区域间高校教师流动情况，如图5-1和图5-2所示。如图5-1所示，从高校教师的区域流入情况来看，华南地区是高校教师流入最为集中的地区，华东和华北地区相对次之，但相较于其他地区流入率仍然属于偏高地区。西北地区是高校教师流入率最低的地区，西南地区高校教师流入率略高于西北地区，但仍属于流入率偏低的地区。从区域经济发展情况及自然环境来看，我国的华南地区、华东地区和华北地区无论是经济发展水平，还是自然条件等区域环境，相较于其他地区均表现出明显优势，是这几大地区成为高校教师高流入地的主要原因之一。而西南地区、西北地区经济水平、自然环境相对处于劣势地位，是高校教师流入率低的一个不可忽视的重要原因。

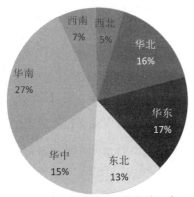
图 5-1　各区域高校教师流入率

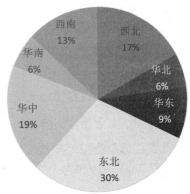
图 5-2　各区域高校教师流出率

如图 5-2 所示，在高校教师流出地区中，东北地区高校教师流出率最高，不但高于其他地区，而且高于本地区的高校教师流入率，说明东北地区高校教师存在一定程度的流失问题。造成东北地区高校教师流失的原因是多元的，如东北地区经济发展明显落后于东部沿海地区，自然环境相对恶劣等。此外，华中地区、西北地区和西南地区也是高校教师流出率相对较高的地区，其中西北地区高校教师流入率和流出率差距较大，说明西北地区高校教师的流失问题不容忽视。华东地区、华南地区和华北地区是高校教师流出率最低的三个地区，且流出率低于其流入率，说明这三个地区对高校教师具有强烈的吸引力，是高校教师的主要吸收地。

对不同地区高校教师流动情况的分析发现，我国不同地区高校教师流动情况存在较大差异。华南地区、华东地区以及华北地区是高校教师流动过程中的吸收地，东北地区和西北地区是高校教师流动过程中的流失地。如果任由这种情况发展而不进行有效干预，长此以往，吸收地会由于人才不断聚集达到饱和而造成人才浪费，而流失地则会由于人才不断流失严重影响高等教育质量，十分不利于我国高等教育的公平发展。

（二）普通高等学校教师流动距离呈现"近距离化"

对"普通高等学校教师流动数据库"的高校教师首次任职高校和现任职高校所在省（自治区、直辖市）进行分析发现，我国高校教师流动在距离上主要表现为"近距离化"的流动特征。在省内的高校间流动是高校教师地域流动的主要表现形式。

从表5-9可以看出，在有过校际流动经历的363位高校教师中，首次任职高校和现任职高校处于同一省（自治区、直辖市）的有93位教师，即这93位教师从首次任职高校到现任职高校的流动属于省内流动，流动比例为25.6%，超过了从任何其他省（自治区、直辖市）到本省（自治区、直辖市）的流入率，所以说省（自治区、直辖市）内流动是高校教师最主要的流动类型。通过比较样本中各高校的省（自治区、直辖市）内来源教师比率发现，省内流动比例最高的高校是吉林省和黑龙江省的高校，其省内流动高校教师数占有过流动经历教师总数的比例均高于50%。[①]

表5-9　高校教师首次任职高校和现任职高校所在省（自治区、直辖市）情况分布表

单位：人

首次任职高校所在省（自治区、直辖市）	现任职高校所在省（自治区、直辖市）														
	北京	上海	广东	广西	湖南	甘肃	青海	宁夏	四川	重庆	云南	黑龙江	吉林	辽宁	合计
北京	20	0	1	0	0	0	0	0	0	0	0	0	0	2	23
天津	2	1	2	0	0	0	0	0	0	0	0	0	0	1	6
河北	2	2	0	0	1	0	1	1	0	0	0	0	0	2	9
山西	0	1	0	0	0	0	0	0	0	0	0	1	0	2	4
内蒙古	3	0	0	1	0	0	0	0	0	0	1	0	1	0	6
上海	1	11	0	0	1	0	0	0	0	0	1	0	0	0	14
江苏	3	8	1	0	0	0	0	0	0	0	0	0	0	0	12
浙江	0	4	0	2	1	0	0	0	0	0	0	0	0	0	7
山东	3	3	1	0	0	0	0	2	0	0	0	0	0	2	12
安徽	1	0	2	0	0	2	0	0	0	0	0	0	0	0	5
辽宁	1	2	2	0	5	0	0	0	0	0	0	1	1	8	20
吉林	7	3	0	0	0	0	0	0	0	0	0	6	7	0	23
黑龙江	6	2	2	0	2	0	0	0	0	0	0	4	0	1	17
湖北	2	2	4	0	2	1	0	0	2	0	0	0	0	0	13
湖南	0	3	4	1	20	0	0	0	0	0	0	1	0	1	30
河南	3	2	2	3	1	0	0	0	0	0	0	0	0	0	11

[①] 虽然样本中四川省的省内高校教师流动率为70%，但是样本量偏小，没有计入比较环节。

首次任职高校所在省（自治区、直辖市）	现任职高校所在省（自治区、直辖市）														
	北京	上海	广东	广西	湖南	甘肃	青海	宁夏	四川	重庆	云南	黑龙江	吉林	辽宁	合计
江西	3	1	2	0	2	0	0	0	0	0	1	0	0	0	9
广东	0	1	3	1	2	0	0	0	0	0	0	0	0	0	7
广西	0	0	1	8	1	0	0	0	0	0	1	0	0	1	12
福建	1	2	1	0	3	0	0	0	0	0	0	0	0	0	8
四川	0	2	0	0	1	0	0	0	7	1	0	0	0	0	11
重庆	1	1	3	0	0	0	0	0	0	2	0	0	0	0	7
贵州	0	0	1	0	0	0	0	0	0	0	0	0	0	0	2
云南	1	1	3	0	1	0	0	0	1	0	2	0	0	0	9
陕西	7	5	3	1	0	1	2	0	0	0	0	0	0	0	18
甘肃	1	0	2	0	0	0	0	0	0	0	0	0	0	2	6
新疆	2	0	0	0	0	0	0	0	0	1	0	0	0	0	3
青海	0	0	0	0	0	0	0	0	0	0	0	0	0	0	1
宁夏	0	1	0	0	0	0	0	0	0	0	0	0	0	0	2
港澳台	5	1	5	1	0	0	0	0	0	0	0	0	0	0	12
国外	16	15	6	3	3	1	0	0	0	0	0	0	0	0	44
合计	91	75	56	20	50	4	4	4	10	4	7	6	8	24	363
外地流入	71	64	53	12	30	4	3	3	2	2	5	2	2	16	270

出现这种流动现象的主要原因有两个方面。一方面，可能是同一省（自治区、直辖市）内的流动能够减少一部分因工作变动而导致的生活成本增加。有调查结果表明，已婚青年教师往往不愿意流动[142]，主要是由于教师在结婚后会更多考虑家庭责任，包括购置房产的成本、子女教育和配偶工作等因素。这些因素使得跨区域流动的成本大大增加，但是在同一地区内部流动能够有效规避这些风险，所以相当数量的已婚教师会选择在一个地区内部进行流动。另一方面，基于信息的传递范围，人们对于周边事物熟悉度相对较高，获取的信息更加及时，所以高校教师选择在省（自治区、直辖市）内的高校间进行流动的比例相对更高。

（三）普通高等学校教师流动方向呈现单向性

从流动方向上来看，我国高校教师整体流动方向主要呈现出一种单向性的流

动特征，具体表现为从经济外围流向经济中心、从政治外围流向政治中心以及从
学术外围流向学术中心。

1. 从经济外围向经济中心流动

纵观我国高校教师流动的历史，高校教师在区域间的流动始终处于一种动态
失衡状态，其中从经济外围向经济中心流动是高校教师流动失衡的主要表现之一。
其中有部分原因是由我国国情所决定的。一直以来，我国各个地区之间的经济发
展情况存在较大差距，主要表现为东南沿海地区的经济发展迅猛，而中西部地区
经济发展相对落后。这种经济发展差距在一定程度上影响了高校教师的流动方向，
使得中西部等经济欠发达地区的教师更倾向于到东南部经济发达地区的高校工作。
当前，我国高校教师流动是否仍然存在这种从经济外围向经济中心流动的单向性
呢？著者利用"普通高等学校教师流动样本数据库"进行了分析。

按照我国各地区经济发展水平，著者依据经济发展水平将各地区从 1 到 7 进
行了赋值。如表 5-10 所示，数字越大，表示该地区的经济发展水平越低。随后，
著者对高校教师流动区域的经济水平变化情况进行整理，绘制成表 5-11。其中：
深灰色单元格的数据是现任职高校所在地区经济水平低于首次任职高校所在地区
经济水平的教师人数，此类流动的教师人数为 37 人，占高校教师省际流动总人数
的 12.1%；现任职高校所在地区经济水平高于首次任职高校所在地区经济水平的
教师人数为 118 人，占高校教师省际流动总人数的 45%；在同一区域或同一经济
发展水平区域间流动的教师人数为 107 人，占全部流动教师的 40.8%。

表 5-10　高校所在地区经济发展水平赋值表

高校所在省（自治区、直辖市）	赋值
北京	1
广东、上海、天津	2
山东、福建、海南、江苏、浙江	3
湖南、湖北、广西、河北、江西、安徽	4
四川、重庆、云南、陕西、河南、山西	5
吉林、黑龙江、辽宁、内蒙古	6
贵州、新疆、甘肃、宁夏、青海、西藏	7

表格来源：根据吴培群《大学教师流动的实证研究》[143] 一书中的高校所在地域层次修改。

表 5-11　高校教师流动区域变化频数分布情况表

首次任职高校所在地区经济发展水平	现任职高校所在地区经济发展水平							
	1	2	3	4	5	6	7	合计
1	20	1	0	0	1	1	0	22
2	3	18	0	4	2	2	0	28
3	7	20	0	7	2	2	3	39
4	8	21	0	37	4	4	3	78
5	12	23	0	3	3	3	2	60
6	17	16	0	8	24	24	0	66
7	3	5	0	0	2	2	3	14

这一数据在一定程度上可以表明，我国高校教师从经济发达地区向经济欠发达地区的"下降"流动情况非常少，更多的教师在流动过程中选择了流向经济更为发达的地区。著者尝试从以下两个方面分析造成我国高校教师跨区域单向流动的原因。第一，从经济待遇方面来看，高校教师的薪酬待遇与当地经济发展情况紧密相关。我国不同地区经济发展水平存在较大差距，造成了不同地区高校教师薪酬待遇、福利待遇等存在较大差距。东南部地区由于率先从改革开放中获取收益，经济发展更迅速，可以提供给教师更高的薪资和更好的福利待遇；反观中西部经济欠发达地区，高校教师的平均待遇往往相对较低。这导致一些希望通过流动获得更好物质待遇的教师选择流向经济发展水平更高的地区。第二，从高等教育发展水平来看，西部地区高等教育发展水平相对较低，顶尖高校数量偏少。教育部网站公布的高校数量数据显示：截至 2020 年，我国共有普通高校 2738 所，其中中西部地区有 755 所，其中"双一流"建设高校只有 47 所。同时，西部地区的高校在国家高等教育资源配置上处于相对劣势的位置，导致其缺乏竞争力，教师可得到的资源相对偏少，很难吸引优秀人才加入。

一直以来，经济发达地区的高校对于经济欠发达地区的高校教师的吸引力有增无减，高校教师从经济外围向经济中心流动的单向趋势始终存在，造成了我国不同地区高等教育发展水平存在较大差距。尽管我国政府采取了各种措施，但是类似于"西部栽树，东部摘果"的局面仍然存在，仍需进一步治理高校教师资源地区分布不均衡的问题。

2. 从政治外围向政治中心流动

从全国范围来看，我国高校教师向国家政治中心——北京市的流动比例较高。著者对"普通高等学校教师流动样本数据库"中高校教师的省际流动情况进行了统计，绘制成表5–12。②

从表5–12中可以看出：位于广东省的高校从外地吸引的教师最多，外地流入率在90%以上；上海市和北京市高校的教师外地流入率相对次之，分别为85.3%和78%。此外，有校际流动经历和首次任职高校在外地的教师中，北京市的教师人数遥遥领先。也就是说，作为我国的政治中心，北京市的高校是教师的主要流入地之一。

表5-12　高校教师省际流动情况表

省（自治区、直辖市）	有校际流动经历的人数 / 人	首次任职高校在外地的人数 / 人	外地流入率 /%
北京	91	71	78.0
上海	75	64	85.3
广东	56	53	94.6
广西	20	12	60.0
湖南	50	30	60.0
甘肃	4	4	100.0
青海	4	3	75.0
宁夏	4	3	75.0
四川	10	3	30.0
重庆	4	2	50.0
云南	7	5	71.4
黑龙江	6	2	33.3
吉林	8	2	25.0
辽宁	24	16	66.7

从省内流动情况来看，我国高校教师更加倾向于从地级市向直辖市和省会城市流动。如图5–3所示，在本书的问卷调查中关于"学校所在城市是省会城市"一题，近70%的教师认为位置处于省会城市的高校对其流动存在较大的吸引力，仅有3%

---

② 甘肃省、青海省、宁夏回族自治区及重庆市高校教师样本数量偏小，所以在实际讨论中没有将这几个省（自治区、直辖市）归入讨论范围。

的教师认为省会城市的学校对其流动没有任何吸引力。这说明绝大部分高校教师在流动过程中会优先考虑直辖市和省会城市的高校，而处于地级市的高校相对而言缺乏对于高校教师的吸引力。

究其原因，一方面，我国高校在直辖市、省会城市以及地级市之间的分布不均，直辖市与省会城市的高校分布过于密集，尤其是在经济发展相对薄弱的省会城市，而地级市的高校分布密度相对较低[144]。因为直辖市和省会城市拥有得天独厚的政治和经济优势，而且教育资源非常丰富，所以这些地区的高校对地市级的高校教师更具吸引力。另一方面，高校的发展与城市的发展紧密相关。一般情况下，经济越发达、开放程度越高、处于政治和文化中心的城市高校声望往往也越高。此外，这些城市在经济、文化和信息交流等方面拥有天然优势，能够为高校教师的生活和工作提供更加优越的条件，对人才具有天然的吸引力。与此相反，虽然我国的西部地区、东北地区也有一些重点高校，但是相对恶劣的自然环境和相对落后的经济、文化条件以及非政治中心地位，造成这些地区在高校教师流动过程中处于劣势地位。

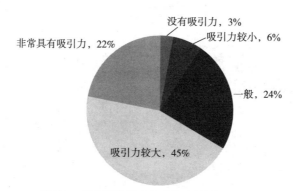

图5-3　省会城市的高校对流动教师的吸引程度

3. 从学术外围向学术中心流动

我国高校根据学术层次、行政归属的不同可分为不同的层次。若将我国高校的分层看作一个金字塔形状，那么入选"双一流"建设行列的高校和行政归属机构级别更高的高校处于更靠近金字塔顶端的位置，数量少、声望高，处在学术中心的位置；而未能入选"双一流"建设行列的高校或行政归属机构级别较低的高校更靠近于金字塔底层位置，数量多、声望低，处在学术外围的位置。为了探究我国高校教师在高校间流动呈现的情况，著者按照高校的学术层次、归属定位将我国高校进行分层，从这两个角度考察我国高校教师流动过程中高校层次的变化情况，分析我国高校教师的校际流动特点。

（1）不同层次高校的教师流动情况

美国卡内基教育基金会根据人才培养类型和获得联邦基金的数量将高校分成多个层级。顶部的是少数研究型大学，底部的是大量社区型学院[145]。我国对高校的分类不同于美国，长期以来，重点大学建设和中央地方两级的办学传统形成了我国特有的"985工程"和"211工程"院校、省属重点高校、其他普通本科高校为层级的高校分层体系。随着"双一流"建设的开启，我国高校分层体系逐渐转变为建设世界一流高校、建设世界一流学科以及其他本科高校的新型层级体系。因为"双一流"建设是我国当前许多高校的奋斗目标，所以，著者依据"双一流"建设名单将我国高校划分为"双一流"建设高校A类（以下简称"双一流A类"）、"双一流"建设高校B类（以下简称"双一流B类"）、一流学科建设高校（以下简称"一流学科"）以及非"双一流"建设高校（以下简称"双非"）四类。在确定高校类型后，著者对高校教师在不同层次高校间的流动情况进行了统计，结果如表5-13所示。

表5-13　高校教师供职高校的层次变化频数情况表

首次任职高校层次	现任职高校层次				
	双一流A类	双一流B类	一流学科	双非	合计
双一流A类	92（28.9）	5（21.7）	0（0.0）	1（7.7）	98（27.0）
双一流B类	7（2.2）	1（4.3）	0（0.0）	0（0.0）	8（2.2）
一流学科	43（13.5）	2（8.7）	0（0.0）	2（15.4）	47（12.9）
双非	123（38.7）	12（52.2）	9（100.0）	10（76.9）	154（42.4）
境外	53（16.7）	3（13.0）	0（0.0）	0（0.0）	56（15.4）
合计	318	23	9	13	363

注：括号外是教师人数，括号内是该教师数占相应教师总数和的比例（%）。

从表5-13可以看出，各高校的流入教师来源主要包括两类：一是"双非"高校。此类高校是我国学术劳动力市场中流动教师的主要来源，占全部流动人数的近50%。从"双非"高校流出的教师绝大多数流入了层次更高的高校，少部分教师流向了其他"双非"高校。二是同现任职高校处于相同层次的高校。同层次高校间流动的教师数占流动总数的近 1/3。此外，表 5-13 中深灰色单元格数据是高校教师的下降流动情况，不难发现此类流动比例极低，只有约 2.2% 的高校教师的流动表现为下降流动。在吸引境外高校教师方面，"双一流 A 类"高校拥有绝对优势，"双一流 B 类"高校的吸引程度相对次之，"一流学科"建设高校和"双非"高校的吸引力最弱。在本次调查中，"一流学科"建设高校和"双非"高校没有境外教师的流入。

综上，在本次调查中，超过半数的高校教师通过流动进入更高层次的高校，接近 1/3 的高校教师流动发生在同层次的高校之间，只有少数高校教师流动到了比原高校层次更低的高校。不难看出，我国高校教师的校际流动主要表现为上升流动和同层流动，下降流动情况很少。

（2）不同所属高校的教师流动情况

笔者按照部属、省部共建、省属和境外对高校所属情况进行分类，表 5-14 是依照高校所属情况整理出的教师供职高校所属情况变化频数的情况表。从表 5-14 可以看出，省属高校是学术劳动力市场中教师的主要流出地，从省属高校流出的教师绝大部分流向了层次更高的省部共建高校和部属高校，只有少部分教师流向了其他省属高校。在吸引境外高校教师方面，部属高校具有绝对优势，省部共建高校的吸引力相对次之，省属高校的吸引力最弱。从流动总体情况看，我国高校教师的上升流动者接近半数，从部属高校向省属高校的下降流动情况极少，在所属相同的高校间流动的教师数约为 1/3。

表 5-14　高校教师供职高校所属情况变化频数情况表

首次任职高校所属情况	现任职高校所属情况			
	部属	省部共建	省属	合计
部属	116（38.2）	11（23.9）	1（7.7）	128（35.3）
省部共建	37（12.2）	3（6.5）	1（7.7）	41（11.3）
省属	105（34.5）	23（50.0）	11（84.6）	139（38.3）
境外	46（15.1）	9（19.6）	0（0.0）	55（15.1）
合计	304	46	13	363

注：括号外是教师人数，括号内是该教师数占相应列教师总数的比例（%）。

总体来看，我国高校教师在不同所属高校间的流动情况主要表现为水平流动和上升流动，同时伴随有少量的下降流动。其中，省属高校是学术劳动力市场中的主要来源地，从省属高校流出的教师绝大多数实现了上升流动，其余教师则流向了同层次的其他高校。

综上，从高校教师在不同层次高校和不同所属高校间的流动情况来看：我国高校教师流动主要表现为上升流动和水平流动，下降流动情况很少；高校的层次越高，对于境外教师的吸引力就越大。对于我国高校教师流动呈现出的这种从学术外围向学术中心流动的单向性，著者尝试从以下两个方面分析其原因。一方面，学术劳动力市场与传统的劳动力市场一样，也存在二元分割现象[146]，可将学术劳动力市场分为主要学术劳动力市场和次要学术劳动力市场。处于主要学术劳动力市场的高校通常指具有高声望的高校，如"985 工程""211 工程"高校以及当前入选"双一流"建设的高校；处于次要学术劳动力市场的高校通常指的是普通本科高校。对于高校教师而言，进入主要学术劳动力市场的高校能够享有更高的待遇，占有更充足的学术资源，同时获得更高的社会声誉、良好的心理感知等内隐的资源优势。相比之下，处于次要劳动力市场的教师待遇相对较低，学术资源占有量偏低。另一方面，从生态位变化来看这一现象，一般情况下处于高生态位的高校提供给教师的各类资源总和往往会高于处在低生态位的高校。所以，在高校教师流动中，高生态位高校往往会占有较大优势。这些高校在资金、政策等方面都会得到国家及地方政府更多的支持，具有更加完备的硬件及软件条件，对于高校教师具有非常高的吸引力。反观处在低生态位的高校，在招聘高校教师时可能会面临由于资源不足导致人才引进难的问题。相对于"双非"高校，"双一流"建设高校居于较为强势的地位，在人才引进过程中也拥有更明显的资源优势。反观"双非"高校不仅在人才引进时缺乏竞争优势，还要面对现有人才流失的风险。在动态调整的竞争机制下，无论是已进入"双一流"建设行列高校，还是为了在下一轮评估中努力进入"双一流"建设行列的其他高校，势必会继续开展人才竞争。因此，低生态位高校人才引进困难的问题仍将继续存在。

（四）高层次人才流动呈现"频繁化"

通过对不同职称高校教师流动情况进行统计分析发现，不同职称的高校教师流动频率存在显著差异，正高级职称教师流动频率最高，**副高级**职称教师流动频率次之，中级及以下职称教师流动频率最低，即拥有高级职称的教师流动往往更加频繁。纵观我国高校教师流动的历史，高层次人才作为高等教育领域中的稀缺资源，在学术劳动力市场中拥有难以撼动的优势地位，因此，高层次人才频繁流动是我国学术劳动力市场中一个不变的特征[147]。一般来讲，衡量高校和学科实力的重要依据是高层次人才数量的多寡。揽有更多"头衔"人才的高校意味着在院校排名、学科评估以及经费划拨等方面能够占据更多优势，这就造成许多高校会利用重金挖走各种高层次人才。例如，两院院士、长江学者这类顶层人才，始终是劳动力市场中竞相争取的对象。近些年，像"四青"这种具有发展潜力的青年拔尖人才逐渐成为高校竞相争取的焦点。但是，通过重金引进人才的方式出现了学术溢价的不良现象，造成部分拥有"学术头衔"的高层次人才为了充分发挥其"头衔"的含金量会通过在高校间频繁流动获得更多的经济来源，扰乱了劳动力市场的正常秩序。

从高校角度来看，高层次人才的离开很容易对组织造成"牵一发动全身"的消极影响。一般来讲，高层次人才拥有较强的团队凝聚力，他们的流动很容易将原本的科研团队成员一起带走，学校苦营多年的学科专业或科研团队由于一个人的离开而造成巨大的损失。对于流入高校而言，由于一些高校在引进人才时只关注"头衔"，没有对引进人才经过充分的学术水平鉴定和职位匹配度分析，极易导致人才资源浪费，同时加强了组织对人才"重引、轻培"的路径依赖。此外，高校为引进人才往往会在薪酬待遇、学术资源等方面对"新人"过度倾斜，造成了"新人"和"旧人"关系的对立紧张，不利于构建组织中良好的人际关系。与此同时，普通教师流动表现为难度大、频率低，尤其是青年教师。调查显示，我国中青年教师承受了更大的工作压力和经济压力，所以市场经济环境下的经济利益驱动会让他们有更加强烈的流动意愿[148]。但是，本书通过统计有过流动经历的高校教师的情况发现，35岁以下有过流动经历的高校教师仅占14%。这可能是因为处于这一年龄阶段的教师的科研成果尚不丰富，不具有流动资本，所以很难流动。L4老师的经历可以很好地佐证这一观点。

L4（女，讲师，普本）："我之前学校的待遇在当地来讲还算可以，但是肯定没法和现在的学校相比。我当时虽然有流动想法，但是自己资历不够，肯定是流动不了。但是我爱人博士毕业后，由于种种原因最后选择了流动，然后到这里，我也有机会跟着他来到现在这所学校。"

L4老师的流动经历比较特殊，她和她爱人流动前工作在东北地区某地方高校。她始终存在流动的想法，但由于自身条件不足以及家庭等因素，没有发生流动行为。但在她的爱人有了流动资本并选择流动后，她最终也达成了自己的流动愿望。L4老师是比较幸运的，她虽然没有流动的资本，但最终还是有机会流动到了另一所高校。但是，现实情况是大部分普通教师群体由于资历尚浅，缺乏足够的研究成果、"学术头衔"等流动的资本，在学术劳动力市场中不具竞争优势，无法实现流动愿望。

三、普通高等学校教师流动的困境分析

高校教师的有序流动对于高等教育领域内人力资源的优化配置具有非常积极的作用，但通过对高校教师流动现状的调查和分析发现，当前我国高校教师流动尚存在一些困境，具体表现在以下几个方面。

（一）普通高等学校教师流动程度不足

美国学者卡兹（Katz）提出的"组织寿命理论"指出，科研组织中的成员相处1.5—5年期间，他们之间信息交流能够保持在较高水平，也能够获得最多的成果。但是超过5年，组织成员之间的沟通会呈现递减趋势，组织就会开始出现老化现象。若要解决组织老化问题，最佳办法是通过组织内部成员的流动对组织结构进行优化。高校属于科研组织，从组织寿命理论来看，当高校组织内成员处在组织的最佳状态时，组内成员间能够保持较高水平的交流，从而获得更多的信息量，形成正向激励，也会不断激发组织的创造力。但是，高校组织成员若始终保持不变，组织就会逐渐趋于老化。若要始终保持高校组织的活力，可以通过教师流动对组织结构进行重构，增强组织与外界的交流与联系，保持组织的生机与活力。所以，高校教师流动对于一所高校的健康发展而言具有十分积极的意义。

2016 年一项基于 27 所高校的教师流动情况调查结果表明，我国高校教师流动频率明显低于发展中国家和发达国家，而这相对不高的流动中又隐含着流动集中等负面问题[149]。近些年，我国高校教师是否仍然存在流动程度不足的问题？为回答这一问题，著者将利用"普通高等学校教师流动样本数据库"对高校教师流动经历进行分析后的结果与全球范围内两次大规模的国际学术职业情况调查进行对比。第一次国际学术职业情况调查的时间为 1992—1993 年，收集到的调查数据较为详细，但时间相对久远；第二次"全球学术职业变革"（Changing Academic Profession）的调查时间为 2004—2009 年，调查时间与本次调查时间更接近，但相较于首次国际学术职业情况调查结果，该调查结果较为粗糙。所以，著者综合了两次调查数据，将本书收集到的数据与两次国际学术职业情况调查均进行了对比。本书的调查样本中没有任何高校间流动经历的教师人数占比为 80.5%。表 5–15 是 1992—1993 年的首次国际学术职业情况调查结果。

表 5-15　各国大学教师历经大学数的频率分布情况

国家	历经大学数的频率 /%			人均校际流动次数 / 次	国家	历经大学数的频率 /%			人均校际流动次数 / 次
	1 校	2 校	3 校			1 校	2 校	3 校	
中国	80.5	15.9	3.6	0.23	香港	45.6	29.7	24.7	0.97
日本	61.8	27.7	10.5	0.52	美国	46.2	30.5	23.3	0.88
韩国	72.8	22.2	5.0	0.34	瑞典	48.1	31.2	20.7	0.84
荷兰	12.4	51.6	36.0	1.46	德国	53.2	26.4	20.4	0.78
澳大利亚	38.0	29.9	32.1	1.14	智利	42.9	36.7	20.4	0.87
巴西	36.8	32.7	30.5	1.13	墨西哥	61.6	26.5	11.9	0.57
英国	60.7	12.5	26.8	0.86	俄罗斯	72.3	18.8	8.9	0.40
以色列	43.4	30.6	26.0	0.96	（外国）合计	50.7	29.0	20.3	—

将本书收集到的结果与这一结果进行对比发现，我国高校教师没有任何流动经历的占比 80.5%，无论与卡内基国际调查结果中的发达国家相比，还是与发展中国家相比，这一比例都是最高的。此外，我国高校教师人均校际流动次数为 0.23 次，相较于国际学术职业情况调查结果中其他国家的高校教师人均校际流动次数来讲，我国是高校教师流动性最低的国家。在第二次的"全球学术职业变革"调

查中，有 10 个国家同时参加了 1992—1993 年的国际学术职业情况调查，其中有 7 个国家的高校教师流动频率显著增加：有"3 个及以上"高校工作经历的教师调查结果显示，韩国这一比例从首次的 5% 上升到了 32%，墨西哥这一比例从 12% 上升到 28%，澳大利亚从 32% 上升至 48%，荷兰从 36% 上升到了 49%，英国从 27% 上升到了 38%，美国从 23% 上升到了 33%，日本从 11% 上升到了 21%[150]。我国有过"3 个及以上"高校工作经历的教师比例仅为 3.6%。与第二次"全球学术职业变革"调查结果对比发现，无论是与发达国家相比还是与发展中国家相比，我国高校教师流动性都严重偏低。

我国绝大部分高校是公立性质的，高校教师属于有编制的、享受国家财政拨款的体制内人员。教师想要去其他高校工作，一般只能通过"调动"途径，原单位"不放人"、本单位"不接受"的情况非常普遍。从人力资源配置角度来看，员工合理有序流动有助于淘汰不合格人员、促进竞争，提高人力资源优化组合及其利用效率。但是，由于制度不完善等问题，长期以来，我国高校教师流动率极低，教师队伍僵化，近亲任职等现象十分普遍。虽然我国在进入市场化经济体系后，政府开始强调要改变其对高校的管理体制，放宽高校的办学自主权，使我国高校教师流动规模明显扩大。但是，通过与其他国家高校教师流动情况进行对比发现，我国高校教师整体流动规模仍然偏小，计划经济安排高校教师流动的影子仍然存在。另外，从教师个体角度来看，绝大多数教师对他们所在的高校具有十分强烈的组织依赖感，会将当前的工作作为一个终生职业，不会轻易产生流动行为[151]。总而言之，尽管我国高校教师流动性有了显著增加，但整体规模不大。高校很难根据组织需要吸引组织急需人才、清退组织中的不合格教师，达到快速调整师资队伍结构的目的，严重降低了高校组织应有的生机和活力。

（二）区域发展不平衡加剧的"马太效应"

"马太效应"（Mathew Effect）一词出自《马太福音》中的一则寓言，"凡是有的，还要不断加倍给他，叫他多余；没有的，就连他原本有的也要夺走"，是一种强者越强、弱者越弱的现象。已有研究显示，我国不同地区高校教师流动水平表现出了明显的差异性，其中我国中部地区、东部地区和西部地区之间的差异表现最为明显[152]。本书也得出了相似的结果，从分析结果可知，我国高校教师在区域间的流动趋势主要表现为从经济外围向经济中心、从政治外围向政治中心流动的单向趋势。我国地域辽阔，不同地区由于地理区位、经济发展水平的差异等引发了高校教师流动的不均衡。如果这种趋势得不到有效遏制，就会形成欠发达地区的人才不断流向发达地区的"马太效应"。

全球化中的高等教育最使人困惑的一点是它的高度不公平[153]。这种不公平的背后是学术劳动力市场中心与外围的分化[154]。"中心–外围"理论假设学术劳动力市场中有处于学术中心的系统，有处于学术外围的系统。在外围学术系统中的教师都会有往中心学术系统流动的倾向。这种从"外围"流向"中心"的现象符合我国高校教师跨区域流动的总体趋势。由于历史因素，我国各地区的经济发展水平存在较大差距，文化背景和自然环境等方面也存在较大差异，在一定程度上造成了教师在区域流动的单向性。发达地区属于教师流动的"中心"，吸引着更多越来越多人才的流入；欠发达地区则由于发展相对落后，属于学术劳动力市场的"外围"，存在较为严重的人才流失问题。随着这种差异的增加，流动的"虹吸效应"也会不断提升，这种现象使强者愈强、弱者愈弱，进一步拉大区域发展差距，导致高等教育不公平问题持续存在。

在市场经济体制背景下，人才流动是市场优化资源配置的正常现象。人才的双向流动是正常的，能够带动区域经济发展、加速区域间文化交流，而人才的单向流动则会导致区域发展失衡。然而，我国高校教师的单向流动现象始终存在，尤其是在"双一流"建设开启后。衡量高校和学科实力的重要依据是高层次人才数量的多寡，而拥有更多"头衔"的人才就代表着能够拥有更靠前的院校排名，也可以拥有更多经费划拨优势。所以，许多高校不断扩大人才引进力度，尤其是对于高层次人才的引进，如具有"高头衔""高帽子"的明星教师、专家和教授等。在这场人才争夺大战中，经济发达地区的高校由于可以获得更多的财政支持，有了争夺人才的资本，很容易吸引一些欠发达地区高校的优秀人才。这就造成欠发达地区的高校成为这场"战争"中的牺牲品，失去培养多年的人才的同时很难引进新的人才。

我国各地区高等教育发展情况表现为"东强西弱""中部塌陷"，各地区高等教育发展存在较大差距，进一步造成了区域间经济社会发展差异较大。为改善这种局势，国家采取了一系列措施缓解欠发达地区高校人才流失问题，以促进我国高等教育的区域均衡发展。例如，2017年教育部办公厅颁布了《关于坚持正确导向促进高校高层次人才合理有序流动的通知》，明确表示不鼓励东部地区的高校从中西部地区、东北地区的高校引进人才[155]。这对我国人才单向流动现象进行了规范及限制，但是，目前我国高校教师在不同层次的高校间、不同区域间流动的"马太效应"依然存在。

（三）"身份至上"的形式主义

"身份"一般指人的出身和社会地位。在高等教育领域中，拥有"长江学者""杰青"等头衔的高校教师或者拥有正高级职称的高校教师或者学科带头人等高层次人才，往往在学术劳动力市场中流动频繁。著者对"普通高等教师流动样本数据库"中不同职称高校教师流动频率的统计分析发现，职称对于高校教师流动存在显著差异，其中正高级职称教师流动比例远远高于副高级及以下职称的高校教师。这一定程度地说明了在学术劳动力市场中，高校教师流动存在"身份至上"的问题。在高校教师流动的过程中，教师的专业素养、职业身份以及专业性会被重新评估与分配，高校会根据需求进行人才的选择。然而，在实践中，一些高校管理者过分关注入选国家各类人才计划的高层次教师，陷入"头衔""帽子"虚无主义之争。这种重新评估与分配往往被高校管理者简化成人才的数字化符号。一些高校想要在最短时间内打造可观的"人才数字工程"[156]，却陷入了"身份至上"的形式主义。诚然，在当前"双一流"建设背景下，一流大学和一流学科的建设需要通过建设一流的师资队伍予以支持，但是许多高校和地方政府却陷入了将高层次人才和自身发展命运紧密结合在一起的误区，把拥有"头衔""帽子"的人才作为获得更多外部资源和利益的重要"利器"。作为高校和学科发展的绩效考核指标，在教师招聘中过分注重"头衔"和"帽子"的显性价值，却忽视内在价值的创造，将有限的财政更多地用于争抢高层次人才，形成了恶性循环。这种做法很容易挫伤普通教师的工作积极性，扰乱现有师资队伍的稳定性。

对于高校教师而言，一些教师往往利用高校和地方政府过分看重"头衔""帽子"这一点，利用自身的"身份"实现利益最大化。归根结底，这种"身份至上"的形式主义背后隐藏的是教师迫切希望获得基于绩效考核的现实利益和资源挂钩的有限利益[157]。从"经济人"假说角度来看，人才流动的重要原因之一是为了获得更高的物质利益。教师想要通过流动获得更高的物质待遇无可厚非，但是对于一些拥有"头衔""帽子"的人才，为了获得更多的物质利益，利用自身优势，在与一所高校聘期结束后立即转投另一所能够提供更高待遇的高校的"旋转门"现象，显然违背了高校教师"学术至上"的初衷。

（四）"潜在流动"教师群体比例攀升

"潜在流动"教师是指已经产生流动想法但尚未发生实际流动行为的教师。他们虽然目前仍然在岗，但是已经产生了更换工作的倾向或正在观望、计划中。有调查显示，员工流动倾向与实际产生流动行为存在高度相关性[158]。所以，本研究在研究高校教师流动问题时也十分关注"潜在流动"教师群体，并进行了问卷调查。通过对"高校教师流动影响因素调查问卷"中"目前是否有流动倾向"一题进行统计发现（图5-4）：被调查者中有18.9%的教师存在较为强烈的流动倾向；53.4%的教师虽然有流动倾向，但是表现并不是非常强烈；完全没有流动倾向的教师仅占27.6%，低于"2016年全国高校教师发展质量调查"29.7%的水平[159]，说明我国普通高等学校教师中的"潜在流动"教师群体比例呈现上升趋势。

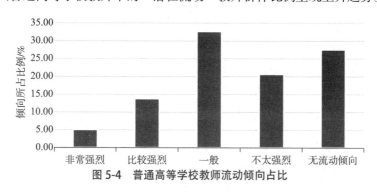

图5-4　普通高等学校教师流动倾向占比

对于高校而言，相较于实际的流动行为，"潜在流动"教师群体对于高校组织造成的负面影响不容忽视。高校教师流动即便是无序的，管理人员也能够根据当前教师队伍情况及时进行相应调整；而"潜在流动"教师群体对组织形成的负面影响往往不易被管理者直接感知到，可能会对组织发展、教师队伍建设产生不可逆的严重后果。高校教师是一份稳定但收入相对不高的职业，导致一些高校教师既想留住这份稳定工作，又想获得丰富的物质生活。部分教师缺乏自律性和职业道德，对本职工作敷衍了事，将大量时间和精力付出在与本职工作无关的其他职业上，并且一旦有合适的机会，会立即跳槽到其他高校，使本校人才流失。此外，一些高校教师晋升到一定层级后放宽了对自身的要求，无心教学和科研工作，不仅影响自身工作质量，还会给其他教师带来不良的"榜样效应"。对于高校而言，相较于实际的流动行为，"潜在流动"教师群体对于高校组织造成的负面影响往往更大。所以，"潜在流动"教师群体是高校人事管理中不容忽视的一个群体，需要管理者时刻关注这一群体的想法和行为，根据实际情况及时进行相应干预，避免出现不利于组织发展、教师队伍建设的负面影响。

综上所述，当前我国高校教师流动过程中存在如高校教师流动程度不足、高校教师流动"马太效应"明显等诸多困境，对于优化我国高校师资队伍结构、促进高等教育均衡发展等存在严重阻碍，需要及时进行解决。而要想解决这些问题，需要了解造成这些问题的原因。影响高校教师流动的原因多元而复杂，有来自教师自身的，也有来自高校、社会的。为了能够更加充分而全面地了解我国高校教师流动的影响因素和造成高校教师流动困境的原因，著者将通过理论研究与实证研究相结合的方式继续进行深入探究。

『第六章』

普通高等学校教师流动影响因素分析

作为实践主体，人在实践过程中为了实现其主观愿望会充分发挥主体对客体的能动作用。同时，人的实践受制于一定的外在条件，会影响主体的实践行为。人在经过多次实践后仍无法满足自身需求时，会通过检验自身愿望、目的是否符合客观实际等进行相应的调整。高校教师流动影响因素的探究主要从实践主体和实践客体两个方面着手。在实践主体上，著者首先利用访谈法从高校教师视角出发了解影响其流动的各类因素，其次基于推拉理论构建高校教师流动影响因素的理论框架，最后分析各种影响因素对高校教师流动的影响程度；在实践客体上，著者主要从高校、区域、学术劳动力市场和政策几个层面对高校教师流动影响因素进行分析。需要注意的是，在影响高校教师流动的各类因素中，有些是容易造成高校教师流动困境的因素或潜在因素。本章内容在理论探讨的基础上结合案例法对哪些因素会造成高校教师流动困境及其是如何造成高校教师流动困境进行更加深入的分析。

一、普通高等学校教师流动影响因素的调查设计及结果呈现

高校教师流动过程中会受到一系列错综复杂因素的交互作用影响。著者通过梳理文献发现：以往关于高校教师流动影响因素的研究，或是集中于流出高校方面，较少有研究关注到流入高校对教师流动存在的影响；或是简单地将流出高校和流入高校中所有的影响因素罗列在一起，并没有进行详细、具体的区分。针对这种情况，著者同时从流入高校和流出高校两个方面出发，对高校教师流动影响因素进行分析。推拉理论提出，人口流动既有来自流出地的因素影响，也有来自流入地的因素影响。从推拉理论的视角可知，高校教师流动既受到了来自流出高校的推力作用，也受到了来自流入高校的拉力作用。为了更加全面地了解不同作用力对高校教师流动产生的影响，本书基于推拉理论的研究框架，从推力和拉力两个维度出发，对高校教师流动影响因素进行实证调查。

（一）调查设计与调查开展

1. 调查内容

著者针对我国高校教师流动影响因素进行实证调查，具体包括以下两个方面：

一方面，调查流出高校和流入高校分别有哪些因素对高校教师流动存在影响；另一方面，调查并分析各种影响因素在高校教师流动过程中产生作用的重要程度。为回答以上两个问题，著者主要利用问卷法和访谈法对高校教师流动影响因素进行调查。

2. 调查对象的选取

研究采用分层抽样的方法在全国普通高等学校范围内发放问卷。在调查地区的选择上，研究主要选择东北地区的高校和华北地区的高校。选择这两个地区高校的原因有两点：一是通过前文对全国范围内高校教师简历信息的抽样和分析结果发现，东北地区是我国高校教师流失情况较为明显的地区，华北地区是我国高校教师流入情况较为明显的地区；二是在全国范围内对每一个地区的高校教师进行问卷调查存在较大困难。著者最终选择了高校教师流出情况和流入情况较为明显的东北地区和华北地区作为问卷的发放地。在高校层次方面的选择上，研究主要选取"双一流"建设高校和普通公立本科高校进行问卷发放。调查对象是高校中的专职教师，年龄分布为35岁及以下、36—45岁、46—55岁、56岁及以上4个年龄阶段，职称包括助教、讲师、副教授和教授4个职称级别。

3. 调查过程

研究主要运用问卷法和访谈法对高校教师流动影响因素进行调查。以下针对这两种研究方法，分别从编制、结果检验以及数据编码等具体调查过程出发进行阐述。

（1）问卷调查

①问卷的编制

目前，关于高校教师流动影响因素的成熟量表缺乏，且每个研究者由于研究问题的不同，设计的问卷题项存在较大差异。著者结合研究需要，在借鉴现有成熟量表的基础上，对研究所需的其他调查维度进行自主开发。为编制出符合标准的问卷，著者按照以下步骤设计问卷。

首先，确定问卷调查维度。回顾当前高校教师流动影响因素相关文献，基于访谈调查和访谈文本编码，确定高校教师流动影响因素各维度的变量，并构建高校教师流动影响因素的理论框架。

其次，问卷编制。著者参考已有的"高校教师影响因素调查问卷"，如刘进《中国研究型大学教师流动调查》问卷、李志峰《高校教师流动影响因素与政策改进》调查问卷中的题项，根据研究需要从中抽选相应题项进行调整。对于无参考量表的调查变量，著者主要依据高校教师的访谈内容进行指标题项的开发。

再次，问卷预测。设计"普通高等学校教师流动影响因素调查问卷"后，著者进行了小范围的问卷预测。利用收集到的数据对问卷信度和效度进行验证，根据验证结果对初始问卷进行调整。此外，著者与2位高等教育管理领域的专家和3位有过高校间流动经历的教师，针对问卷的结构和语言表述等方面进行了讨论，以检验问卷各题项内容是否符合高校教师流动的实际情况。在此基础上，根据收集到的资料对问卷题项进行补充与完善。

最后，为确保问卷结构和题项的合理性、语言表述的准确性以及是否充分呼应了本书理论模型的各个维度，对"普通高等学校教师流动影响因素调查问卷"的结构、语言表达以及题项设计进行了进一步的检查和评估，最终形成本书所需的"普通高等学校教师流动影响因素调查问卷"。

本书编制的"普通高等学校教师流动影响因素调查问卷"包括3个部分：第1部分是收集被调查者基本信息；第2部分是针对高校教师流动倾向[①]情况的调查；第3部分是针对流出高校和流入高校中影响教师流动的因素进行调查。本问卷中第2部分和第3部分量表均以李克特5点法进行评价。每道题有5个选项，分别为"影响非常大""影响比较大""一般""影响比较小""影响非常小"，并从1到5

---

① "流动倾向"指员工在组织内工作一段时间后，经过考虑蓄意离开组织的意图，是流动行为的前因变量。本书关注的是高校教师流动行为的影响因素，但针对有过流动经历的教师进行问卷发放和收集的难度很大。"流动倾向"是预测员工离职的最佳变量，也是最直观和易调查的变量，许多调查也证明了员工流动倾向与实际流动行为存在高度相关性。所以，本书最终选择"流动倾向"这一变量作为"教师流动"的替代变量。

赋分。问卷各维度的构成和问卷设计参考的量表如表6-1所示。

表6-1　高校教师流动影响因素调查问卷题项参考来源

变量名称	维度或因素	题项	参考量表
基本信息	性别、年龄、学历等	Q1—Q9	刘进《中国研究型大学教师流动调查》
流动倾向	流动倾向	L1—L4	樊景立流动倾向量表
推力因素	晋升发展	W1—W5	李志峰《高校教师流动影响因素与政策改进》调查问卷、刘进《中国研究型大学教师流动调查》、戴建波《地方高校教师流动调查》
	学校管理	W6—W9	
	薪酬状况	W10—W12	
	工作条件	W13—W15	
	人际关系	W16—W18	
拉力因素	家庭责任	A1—A3	李志峰《高校教师流动影响因素与政策改进》调查问卷、刘进《中国研究型大学教师流动调查》、戴建波《地方高校教师流动调查》
	人才引进条件	A4—A6	
	组织声望	A7—A9	
	城市环境	A10—A13	

②问卷信效度检验

在对收集到的数据进行统计分析前，必须检查设计问卷的信度和效度。信度即问卷的可靠性，反映了问卷的一致性程度。学界习惯采用克隆巴赫（Cronbach）信度系数法检测信度。一般而言，当 Cronbach α 大于 0.7 时，研究者习惯认为该问卷具有较高的可信度；当 Cronbach α 小于 0.7 时，则认为数据的可信度不佳[160]。效度是指所用的问卷能否准确地测量想要测量的特征和程度，即主要用以评价问卷的有效性、准确性和正确性。效度检验主要包括内容效度检验和建构效度检验。

a. 信度检验

本研究运用 SPSS 统计软件分别对本文问卷量表各维度进行信度分析，检验结果，如表6-2所示。

由表6-2的信度分析结果可以看出，晋升发展、学校管理、薪酬状况、工作条件、人际关系、家庭因素、人才引进条件、组织声望、城市环境与流动倾向的整体 Cronbach α 值为 0.778—0.947，均在 0.7 以上，表明具有良好的信度。此外，相关系数分析是用来测量变量与变量间关系密切程度的量。项目总体相关分析需要经过两个步骤：一是通过项目总体相关分析找到题项中哪些被删除后会提高

Cronbach α 系数，并使问卷信度整体提高；二是找到总体相关系数小于 0.4 的题项，然后删除这些题项后评估 Cronbach α 系数是否得到提升，若系数获得提升，则说明这些题项应予以删除。以上变量所有项目与总体相关系数均大于 0.4，则不符合删除题项的要求，所以以上变量的各个测量项均应被保留用于后续分析。综上所述，本研究问卷中 10 个变量共计 35 个测量项均应被保留用于后续分析。

表 6-2　信度分析结果

变量	题项数	Cronbach α 系数	项目与总体相关系数
晋升发展	5	0.910	0.734—0.810
学校管理	4	0.938	0.818—0.882
薪酬状况	3	0.909	0.810—0.834
工作条件	3	0.917	0.752—0.880
人际关系	3	0.884	0.734—0.823
家庭因素	3	0.778	0.550—0.625
人才引进条件	3	0.906	0.740—0.864
组织声望	3	0.872	0.712—0.786
城市环境	4	0.947	0.798—0.910
流动倾向	4	0.929	0.800—0.870

b. 内容效度

在问卷编制过程中，著者除了将相关文献的理论性推理和深入访谈的结果作为问卷编制的基础外，还在编制完问卷初稿后，与 2 位高等教育管理领域的专家和 3 位有过流动经历的高校教师进行了讨论，删除了不恰当的题项，并对语义不通顺之处进行了修改，使问卷中的题项能够切实反映想要研究的内容。随后，著者进行了小范围的问卷发放，以检验问卷的信度与效度，并根据数据统计结果对问卷进行了进一步修改。本研究的问卷编制结合了访谈调查和数据分析结果，并在专家指导下完成，能够保证问卷具有良好的内容效度。

c. 建构效度

著者检验"普通高等学校教师流动影响因素问卷"的建构效度时运用了探索性因子分析法。在进行探索性因子分析前，需要进行 KMO（Kaiser–Meyer–Olkin）和 Bartlett 球形检验，以判断研究取得的调查数据是否适合进行因子分析。一般而言，当 KMO 值大于 0.5 时，表明可以进行因子分析。此外，Bartlett 球形检验是从相关矩阵系数出发来验证零假设的，而这里的零假设为"各个变量均为独立变量"。当 Bartlett 球形检验的卡方值较大且统计值的显著性概率 *Sig.* < 0.05 时，表明可以进行因子分析。本研究利用 SPSS 统计分析软件，采用主成分分析法，对工作环境因素、外部环境因素和流动倾向进行因子分析，结果如表 6-3 所示。结果显示，工作环境因素、外部环境因素和流动倾向的 KMO 值为 0.812 ~ 0.901 且 *Sig.* 均小于 0.05，表明可以继续进行探索性因子分析。

表 6-3 高校教师流动影响因素问卷的 KMO 值和 Bartlett 球形检验

影响因素	KMO 值	Bartlett 球形检验		
		卡方检验值	*df*	*Sig.*
工作环境因素	0.901	2 107.185	153	0.000
外部环境因素	0.884	1 408.488	78	0.000
流动倾向	0.812	428.731	6	0.000

首先，对工作环境因素进行探索性因子分析。工作环境因素共包含 5 个变量，分别为晋升发展、学校管理、工作条件、薪酬状况以及人际关系，设计的指标题项共 18 项。通过主成分分析法对问卷变量进行因子分析，并采用方差最大化正交旋转为因子旋转方式进行因子提取。因子载荷矩阵和总方差解释率结果如表 6-4 所示。因子载荷结果显示：18 个题项较好地分布在 5 个潜在因子上，且因子负荷值均大于 0.5，说明工作环境因素量表具有较好的收敛效度和区别效度。总方差解释率结果显示：工作环境感知量表提取 5 个因子的总方差解释率为 82.683%，说明解释率较高。

其次，对外部环境因素进行探索性因子分析。外部环境因素包括城市环境、人才引进条件、组织声望和家庭因素 4 个变量。利用主成分分析法，选取方差最大化正交旋转为因子旋转方式，设置特征值大于 1 为提取标准，对外部环境因素的 13 个题项进行因子分析，共提取 4 个因子。正交旋转后的因子负荷和总方差解释率如表 6-5 所示。从方差最大化正交旋转的因子负荷结果可以看出，提取的 4 个公因子在各自因子上的负荷均大于 0.5，说明外部环境感知量表结构效度较好。方差解释率结果显示：累计解释总体方差量为 82.234%，解释率较高。

表 6-4　工作环境因素的因子载荷矩阵

5 个变量	测量题目	成分				
		1	2	3	4	5
晋升发展	W1	0.824				
	W2	0.788				
	W3	0.729				
	W4	0.727				
	W5	0.727				
学校管理	W6		0.859			
	W7		0.857			
	W8		0.838			
	W9		0.734			
工作条件	W14			0.818		
	W15			0.810		
	W13			0.781		
薪酬状况	W12				0.892	
	W11				0.830	
	W10				0.808	
人际关系	W16					0.856
	W17					0.850
	W18					0.676
特征值		3.620	3.473	2.691	2.669	2.430
解释总体方差量 /%		20.108	19.293	14.951	14.830	13.501
累计解释总体方差量 /%		20.108	39.402	54.353	69.182	82.683

表 6-5　外部环境因素的因子载荷矩阵

4 个变量	测量题目	成分			
		1	2	3	4
城市环境	A10	0.884			
	A12	0.882			
	A11	0.881			
	A13	0.763			
人才引进条件	A5		0.874		
	A6		0.793		
	A4		0.723		

续表

4个变量	测量题目	成分			
		1	2	3	4
组织声望	A7			0.854	
	A8			0.845	
	A9			0.753	
家庭因素	A1				0.910
	A2				0.805
	A3				0.583
特征值		3.525	2.659	2.473	2.034
解释总体方差量 /%		27.113	20.451	19.020	15.650
累计解释总体方差量 /%		27.113	47.564	66.584	82.234

最后，对流动倾向进行探索性因子分析。因变量为高校教师流动倾向，进行因素分析后，得出流动倾向的因子载荷矩阵，如表6-6所示。结果显示，累计解释总体方差量为81.307%，解释率较高。

表6-6 流动倾向的因子载荷矩阵

变量	测量题目	成分
		1
流动倾向	L1	0.924
	L2	0.912
	L3	0.907
	L4	0.862
特征值		3.252
解释总体方差量 /%		81.307
累计解释总体方差量 /%		81.307

③问卷发放

著者主要通过问卷星和邮件两种途径发放问卷。在收集问卷的过程中，一些教师认为本问卷中一些问题较为敏感，不愿接受调查，因此问卷回收存在一定难度。为回收数量足够的问卷，著者一方面通过朋友、老师和同学的关系，利用滚雪球的方式进行发放；另一方面利用高校官网提供的教师邮箱进行问卷发放。根据问卷回收情况，著者前后共进行了4轮问卷发放。问卷发放时间从2020年5月

9 日开始，截止时间为 2021 年 8 月 20 日，最终共回收问卷 338 份。剔除不符合要求的问卷，最终获得有效问卷共 317 份，问卷有效率约为 93.8%。

本研究回收的 317 份有效问卷中，样本的性别、年龄、学历等分布特征如表 6-7 所示，其中人口统计学变量（性别、年龄、学历和婚姻状况）分布均匀，教师的工作经历（教龄、职称、工作高校类别）分布较为均匀，可以认为本研究收集到的样本具有良好的代表性。

表 6-7　样本数据的描述性统计情况

人口统计学变量		样本数	百分比 /%
性别	男	129	41.0
	女	188	59.0
年龄	35 岁及以下	76	24.0
	36 ~ 45 岁	162	51.1
	46 ~ 55 岁	70	22.1
	56 岁及以上	9	2.8
学历	本科	21	6.6
	硕士研究生	86	27.1
	博士研究生	210	66.3
教龄	5 年及以下	57	18.0
	6 ~ 10 年	53	16.7
	11 ~ 15 年	92	29.0
	16 ~ 20 年	55	17.4
	21 年及以上	60	18.9
职称	未定职称	14	4.4
	助教	9	2.8
	讲师	108	34.1
	副教授	126	39.8
	教授	60	18.9
工作高校类别	"双一流"建设高校	234	73.8
	普通公立本科高校	83	26.2
婚姻状况	已婚	282	88.9
	未婚	35	11.1

④数据的统计方法

著者主要利用 SPSS 和 Amos 软件对回收问卷数据进行统计分析。前者用来对研究变量进行描述统计、因子分析和方差分析,后者用来对研究变量进行路径分析。为了更加准确清晰地呈现分析数据,统计结果主要采用图表和描述相结合的形式。

（2）访谈调查

访谈调查的主要目的是弥补调查问卷的缺陷。本研究运用访谈法的主要目的包括两个方面：一是利用访谈法收集我国高校教师流动的各类影响因素；二是深入挖掘无法通过问卷反映的问题,为论题的研究和分析提供支撑。

①访谈对象的选择

为了能够准确了解高校教师流动影响因素,著者主要选择有过流动经历的高校教师作为访谈对象。为了解高校管理者对教师流动的态度,著者对高校人事部门工作的管理人员也进行了访谈。选择访谈对象时,著者采用的抽样策略是"效标抽样"。这种抽样方式是预先设定好一个或多个标准或条件,然后有针对性地选择符合这些标准或条件的样本进行研究[161]。为保证访谈对象的代表性和全面性,本书在选取访谈对象时设定了如下条件：（1）有过在不同高校间流动经历的高校教师；（2）涵盖不同高校层次（"双一流"建设高校、普通公立本科高校）的教师；（3）不同职称的高校教师。选取访谈对象时主要通过熟人介绍,大大增加了接触到研究所需的调查群体的概率。此外,通过熟人介绍的方式接触被调查者较符合中国人的习惯,不易使被访者产生防备心,有利于访谈人员被接纳,更易了解被访者的真实感受和态度。

访谈样本数量遵循理论饱和原则。格莱泽和斯特劳斯（Glaser & Strauss）指出,当新增案例不能够提供更多的信息,或者当研究人员发现难以从该案例发现更多新的知识时,可以结束对案例的继续选择[162]。访谈人数是根据访谈内容的不断深入需要继续挖掘而不断增加的,直至研究者认为不再有新的概念出现,由此判断达到了理论饱和而结束。本书中,在对第 13 位和第 14 位教师的访谈中发现,编码内容开始出现重复,此时著者认为理论已达到饱和,于是结束访谈。最终共访谈了 14 位高校教师,被访教师信息如表 6-8 所示。其中：男

教师 7 人，女教师 7 人；正高级职称的高校教师 3 人，副高级职称的高校教师
7 人，中级职称的高校教师 4 人；来自"双一流"建设高校的教师 7 人，来自普通
公立本科（简称"普本"）高校的教师 7 人。

表 6-8　被访教师基本信息

编码	年龄	性别	职称	现任职高校层次
1	35	男	正高	双一流
2	47	男	正高	双一流
3	48	女	正高	普本
4	31	男	副高	双一流
5	42	女	副高	双一流
6	36	男	副高	双一流
7	38	女	副高	普本
8	43	男	副高	普本
9	45	女	副高	普本
10	39	男	副高	普本
11	36	女	中级	双一流
12	33	男	中级	双一流
13	39	女	中级	普本
14	35	女	中级	普本

在选择人事部门管理者进行访谈时，著者前后联系了几所高校的人事部门管理人员。部分管理人员认为本书中关于高校教师流动的访谈问题较为敏感，委婉表示了拒绝。由于访谈难度较大，著者最终只访谈了来自 2 所高校的 2 名人事部门管理人员，可为本书提供一定的访谈数据参考。

②访谈资料的收集

通过推拉理论可知，高校教师流动过程中不仅受流出高校的推力影响，而且受流入高校的拉力影响，同时在推力和拉力的内部存在许多对高校教师流动产生影响的因素，主要来自个人层面、组织层面和社会层面。为了保证在访谈过程中能够获得丰富而全面的信息，本书在设计访谈提纲时主要从 2 种力和 3 个角度出发。访谈方式采用半结构式访谈，以便被访者有更多的表达空间。根据实际访谈情况，访谈时间控制在 30—90 min。此外，在访谈过程中，著者会根据与每位被访谈者的具体沟通情况追加一些提问。

访谈时，为消除受访者的顾虑，著者会先介绍本次访谈的目的和访谈资料保密原则，然后询问受访者是否可以对访谈过程进行录音，并在取得受访者同意后开始录音。对于不希望录音的受访者，著者采用文字方式记录访谈信息。在正式的问题询问环节，著者主要依据访谈提纲与受访者进行深入交流，并根据实际访谈情况追加一些问题。在每一次访谈结束后，著者会第一时间将录音资料转录为访谈文本，并进行结果分析和理论建构。最后，著者会对每次访谈进行反思，如理论是否达到饱和、是否需要进行下一轮访谈等，最终在理论达到饱和后结束全部访谈。

（二）调查结果的呈现

1. "普通高等学校教师流动影响因素"的访谈内容编码

著者采用扎根理论方法对访谈资料进行处理。卡麦兹和亨伍德（Charmaz & Henwood）将扎根理论定义为"通过收集资料以及对资料进行比较后，我们需要接受资料提供的所有可能的理论解释，然后通过不断编码建立新的范畴，对所收集到的资料进行暂时性的解释。然后，我们重新返回现场继续收集资料，以检验范畴的完善程度并不断完善范畴"[163]。本研究对访谈资料的收集和编码分析同步进行，最终获得了普通高等学校教师流动影响因素的理论资料，奠定了本研究的重要基础。利用 NVivo 10 软件整理访谈文本资料，通过对访谈文本进行三级编码，探究数据中凸显的主题，确定影响高校教师流动的各种因素。

（1）开放编码

开放编码属于意义形成阶段，在这一阶段需要研究人员一边收集信息和数据，一边对收集到的信息和数据进行提炼，经过不断比较分析，使分析结果趋于精确化。开放编码作为编码的初级阶段，是一个从具象到抽象的过程。这个过程必须以原始资料为基础，不能融入过多研究者主观的解读和想法。著者分析了受访者叙述的原本话语，选取文本资料抽取到的概念或通过直接命名概念的方式对访谈文本资料进行编码，同时对编码进行类属。具体操作如下：首先，著者整理 14 份访谈文本资料，删除过于模糊的语句；其次，对整理好的有效访谈内容进行开放式编码；最后，基于开放编码归纳内容，形成范畴。经过多次整理分析，最终得出高校教师流动影响因素的初级类属，结果如表 6-9 和表 6-10 所示。

表 6-9 推力维度开放编码和原始访谈内容举例

初级类属	原始访谈内容举例
公积金	"我工作了 11 年,我房屋公积金这一部分,每个月才一千多块钱,到现在我才一千多块钱。2013 年我们刚毕业的时候,我有个同学刚入职了南方的一个民办院校,每个月就是一千五,也就是五六年前人家就比我现在还要多,就是我的二倍。"
薪酬公平度	"像我们这种被边缘化的人走的原因中有一个很重要的,实际上就是我们觉得原来的学校很多升职加薪的规则不够公平,这是一个很潜在的、就是会影响你潜意识判断的一个东西,你会觉得努力奋斗不值得。"
工资水平	"作为一名高校教师而言,我们的工资和学历不挂钩,就是工资水平比较低。"
行政管理	"行政管理非常官僚化。"
教务管理	"比如我们的教务管理,我认为就不怎么理想,无形中给老师增加了很多的工作,比如系统的设置,规定、要求等等,有的时候会感觉这简直不是一个大学里应该要求的东西,更像一个高中或者中专对老师的要求。"
管理观念	"人才观、管理观念都存在一些问题。"
与领导的关系	"领导有几个方向或选题,可能我并不擅长或不想做,但碍于人际方面的压力就无奈加入了。"
与同事的关系	"作为我校教育学领域唯一已毕业的博士,很多时候能感受到领导也好、同事也好,是提防你的,你在那做工作不能施展拳脚,同时又感觉很压抑。"
教学管理	"有大量的教学工作,非常烦琐,有大量的行政要求,后续会出来一系列不正常的要求,包括每学期要给教师评讲课排名,排在后面的甚至要去参加学习班之类的。""教学量是非常大的,一整年教学量要能达到 250 ~ 280 个学时。"
考核评价	"考核模式很不恰当。"
硬件设备	"对于教师来说,他工作的环境当然会对教师形成一个影响,原来工作的单位,它的教室设备的更新,以及能够给教师提供的一种硬件上的支持可能不太合适。""硬件配备不够,教学设备总出问题。"
工作环境	"学校环境我确实不太满意,因为当时所在学校的基础设施非常差,差到什么程度呢,冬天上课教室非常冷,现在其实也是这个状况,就是它的教学楼、基础设施都非常差。"
学术氛围	"感觉我们学校内没有什么学术氛围。"
晋升空间	"我们学校的评职标准是非常高的,就是感觉晋升空间小。"
只评不聘	"我评了副教授,马上要五年了嘛,2015 年评的,但是因为指标超编的问题,一直都只评不聘,我就相当于没有实际落实,我就会觉得很尴尬,让我顶着副教授的名字,拿着讲师的报酬。如果别的地方开出条件说来了给你落实,三两年就可以评正教授,那是不是听起来很诱人?"

表 6-10　拉力维度开放编码和原始访谈内容举例

初级类属	原始访谈内容举例
子女教育	"来这边也考虑到这儿的附小不错。"
配偶异地	"最后让我辞职的根本原因，说白一点就是配偶。"
老人赡养	"我父母年龄比较大，他们的思维和行动都比较保守，不愿意离开故土，所以这对我来说是一个想要回去的原因。"
薪酬待遇	"专任教师像绩效制，多劳多得，原来的高校副教授上一节课是给 30 块钱，在这边同样是副教授，上一节课可能是 90，有的甚至更多，可能 120，每个学院有一些收入有差异，不过和我们原来的学校比，不管在哪个学院都应该差不多高出一倍。"
安家费	"这边给的安家费更高，肯定影响了我的选择。"
学校排名	"我举个例子，北京如果是教育学的话，正经的教育学专业有北师大、中国民族大学、首师大，如果可能的话我会优先考虑这 3 个，哪怕他们工资都低。"
学校声望	"两所学校的话，我肯定会考虑声望更高的那一所。"
院系声望	"来这是因为这儿的学科优势更强。"
职称提升	"原来是讲师，现在是副教授，在这边上了一个台阶。"
城市经济发展	"我会优先考虑的就是经济发达的或者开放度比较高的……经济发达地区对于女性更宽容，也相对来说更包容一些。"
城市自然环境	"这个城市未来一定是空间非常大的，还有一个就是它的人文环境、空气和气候的环境都比较适宜，所以综合因素使我们决定来这里。"
城市文化氛围	"第一个，我会选择城市，因为我对一个城市的文化氛围是非常重视的。"

通过开放编码，在推力维度最终得到公积金、薪酬公平度、工资水平、行政管理等 15 个初级编码，拉力维度得到子女教育、老人赡养、配偶异地、薪酬待遇等 12 个初级编码。著者根据整理后的初级编码内容继续进行主轴编码，并将初级编码的内容进行聚类。

（2）主轴编码

主轴编码也被称作"关联式登录"，是指根据初级类属之间的因果、语义、功能以及情景等关系，对初级类属进行关联。对开放编码中分割出来的数据进行聚类分析，从概念层面分析每个类别之间是否存在潜在联系，并建立不同类别间的关联。主轴编码的任务是调整之前访谈数据中出现的各种范畴，不断发展范畴的性质和层次，使范畴更加严谨。为加深资料与概念间的关系，研究者要进行深入的思考，不断对类别进行归纳、整理和分层。若发现理论仍不完善，需要考虑继续收集资料。对初级编码进行聚类后，结果如表 6-11 和表 6-12 所示。其中，推力维度形成了 5 个主范畴，拉力维度形成了 4 个主范畴。

表 6-11　主轴编码形成的推力维度方面的主范畴

主范畴	对应范畴
人际关系	与同事的关系
	与领导的关系
晋升发展	晋升空间
	只评不聘
薪酬待遇	薪酬公平度
	公积金
	工资水平
学校管理	教学管理
	行政管理
	管理观念
	教务管理
	考核评价
工作条件	硬件设备
	学术氛围
	工作环境

表 6-12　主轴编码形成的拉力维度方面的主范畴

主范畴	对应范畴
家庭责任	子女教育
	配偶异地
	老人赡养
人才引进条件	薪资待遇
	职称提升
	安家费
组织声望	学校声望
	院系声望
	学校排名
城市环境	城市自然环境
	城市经济发展
	城市文化环境

（3）选择编码

选择编码是指选择核心范畴，将核心范畴与其他范畴相关联，在概念化中补充尚未完整的范畴的过程。通过访谈编码发现，影响高校教师流动的因素中，推力维度的因素主要来自工作环境方面，拉力维度的因素主要来自个人、组织和社会这些外部环境方面。因此，著者将主轴编码分为工作环境因素和外部环境因素。

如图6-1所示，根据访谈调查编码结果，著者构建了高校教师流动影响因素的理论框架。高校教师在流动过程中既受流出高校的推力影响，又受外部环境的拉力影响。在推力维度中，影响高校教师流动的因素主要来源于流出高校内部，包括晋升发展、学校管理、工作条件、薪酬状况和人际关系。在拉力维度中，影响高校教师流动的因素来源较为多元。例如：来自家庭的因素，如子女教育、配偶是否异地等；来自流入高校的因素，如组织声望、人才引进条件等；来自城市环境的因素，如经济发展情况、自然环境等。也就是说，高校教师决定从一所高校离开时一般是原高校内部原因造成的，而影响其最终选择流入哪所高校的影响因素则十分多元。

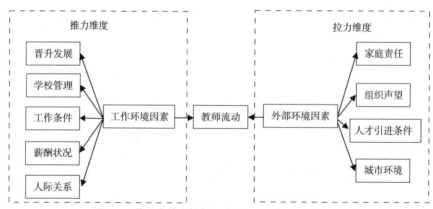

图6-1　普通高等学校教师流动影响因素的理论框架

2. "普通高等学校教师流动影响因素"重要性的调查结果讨论

影响高校教师流动的因素多元且复杂。本研究通过访谈调查梳理影响我国高校教师流动的因素，但是这些影响因素对于高校教师流动所产生的影响程度是否相同、哪些因素对教师流动的影响程度更高、哪些因素对教师流动的影响程度较弱等，都有待研究。为解决这些问题，著者利用 Amos 22.0 统计分析软件，对高校教师流动影响因素理论框架进行结构方程模型分析。结构方程模型与传统模型相比，在分析数据时具有直观、简约等优势,并且能够更加系统地探索各个潜变量之间的作用关系、关系路径以及关系程度等。这是本研究选择利用结构方程模型分析数据的主要原因。前文已对"普通高等学校教师流动影响因素问卷"的信度和效度进行了检验,这为结构方程模型分析提供了良好的基础。下面将分析结构方程模型的运行结果。

图6-2是在高校教师流动影响因素理论框架的基础上普通高等学校教师流动影响因素的结构方程模型在Amos软件中的实现图,其中潜变量之间的关系与图6-1的理论框架对应。

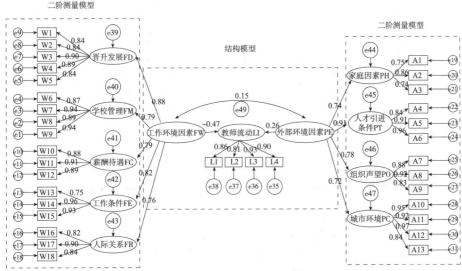

图6-2 普通高等学校教师流动影响因素的结构方程模型

图6-2的结构方程模型中包含二阶测量模型和结构模型两个部分。为检验本研究构建的理论框架是否合理,著者利用 Amos 22.0 软件对高校教师流动影响因素结构方程模型进行检验,得到的标准化路径系数结果见表6-13。表6-13中有3种路径系数:δ是潜变量对其对应的测量变量的因素负荷量;α和β是二阶潜变量对其对应的测量变量的因素负荷量;λ是各潜变量之间的直接效应关系。通过表6-13可知,各路径系数均在10%的置信水平下显著,说明这些路径系数是技术合理的。其中:δ、α和β参数估计的数值合理、显著性较好,说明各测量变量可以较好地测量潜在变量,潜变量与测量变量的结构设计良好;λ的数值合理、显著性较好,说明潜变量之间具有良好的直接因果关系。

表 6-13　模型参数估计结果

路径系数	路径	标准化路径系数	P 值
	FM1←FM	0.939	***
	FM2←FM	0.892	***
	FM3←FM	0.941	***
	FM4←FM	0.871	***
	FD1←FD	0.891	***
	FD2←FD	0.905	***
	FD3←FD	0.839	***
	FD4←FD	0.836	***
	FD5←FD	0.839	***
	FC1←FC	0.891	***
	FC2←FC	0.912	***
	FC3←FC	0.884	***
	FE1←FE	0.931	***
	FE2←FE	0.956	***
	FE3←FE	0.750	***
	FR1←FR	0.838	***
	FR2←FR	0.901	***
δ	FR3←FR	0.817	***
	PH1←PH	0.747	***
	PH2←PH	0.858	***
	PH3←PH	0.736	***
	PO1←PO	0.879	***
	PO2←PO	0.915	***
	PO3←PO	0.827	***
	PT1←PT	0.844	***
	PT2←PT	0.914	***
	PT3←PT	0.958	***
	PC1←PC	0.954	***
	PC2←PC	0.922	***
	PC3←PC	0.967	***
	PC4←PC	0.843	***
	LI1←LI	0.901	***
	LI2←LI	0.933	***
	LI3←LI	0.813	***
	LI4←LI	0.859	***

续表

路径系数	路径	标准化路径系数	P 值
α	FM←FW	0.792	***
	FD←FW	0.879	***
	FC←FW	0.792	***
	FE←FW	0.823	***
	FR←FW	0.757	***
β	PH←PE	0.737	***
	PO←PE	0.785	***
	PT←PE	0.908	***
	PC←PE	0.724	***
λ	LI←PE	0.256	***
	LI←FW	−0.471	***

注：*** 表示 $P < 0.001$。

模型适配度是观察模型和实际数据是否可以良好匹配的重要指标。如表 6-14 所示，结构方程模型的每一个拟合指数均达到了适配标准的要求，说明本研究构建的结构方程模型适配度良好。

表 6-14　模型适配度检验结果

类型	统计检验量	适配标准	检验结果	模型适配判断
绝对拟合指数	CMIN/DF	< 3.00	1.979	是
	RMSEA	< 0.08	0.067	是
相对拟合指数	增值适配指数 IFI	> 0.90	0.930	是
	非规准适配指数 TLI	> 0.90	0.923	是
	比较适配指数 CFI	> 0.90	0.929	是
简约拟合指数	简约适配指数 PGFI	> 0.50	0.685	是
	简约调整后规准适配指数 PNFI	> 0.50	0.799	是
	简约后适配指标 PCFI	> 0.50	0.856	是

构建的普通高等学校教师流动影响因素理论框架中含有两个二阶模型（工作环境因素维度和外部环境因素维度），而二阶模型存在一定的复杂性，目前尚无直接分析二阶模型的方法。所以，本书采用多尔等学者（William J. Doll et.）[164]验证二阶模型的方法对理论框架中的二阶测量模型进行验证性因子分析。

（1）工作环境因素二阶测量模型验证性因子分析

工作环境因素维度验证过程分为四个阶段：第一阶段，验证二阶因子（工作环境因素）与测量项目的结构模型，如图 6-3 中的模型一；第二阶段，验证各子维度作为一阶因子的结构模型，如图 6-3 中的模型二；第三阶段，验证各子维度间的相关度，如图 6-3 中的模型三；第四阶段，验证二阶因子能否作为主要维度的高阶因子，如图 6-3 中的模型四。从理论上看，只要这四个模型可以通过数据验证，本研究则认为二阶测量模型通过验证。

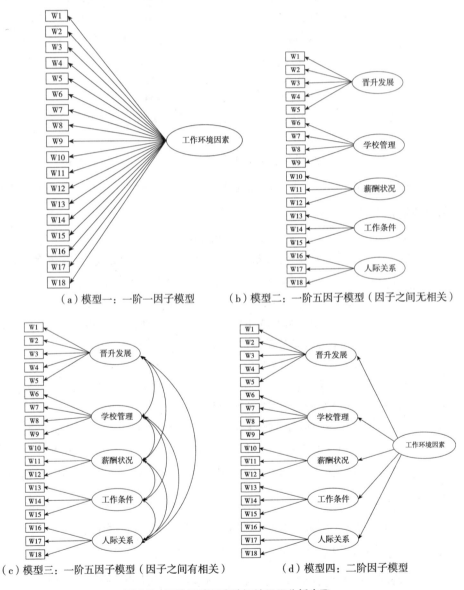

（a）模型一：一阶一因子模型　　　（b）模型二：一阶五因子模型（因子之间无相关）

（c）模型三：一阶五因子模型（因子之间有相关）　　　（d）模型四：二阶因子模型

图 6-3　工作环境因素验证性因子分析步骤

表6-15展示了工作环境因素各阶段模型的拟合优度指标。其中，零模型的主要目的是建立规范拟合指数（Normed Fit Index，NFI）零点。零模型中，卡方与自由度的比值为25.536，说明模型对数据的拟合很差。模型一为所有拟合优度指标提供了一个相对零模型更好的拟合。与模型一相比，模型二所有的拟合优度指标均显著提高。但是，依照通常标准，这两个模型都不能被认为与样本数据吻合度较好。

模型三中的各项指标表明，此模型相较于模型二有了很大改进，其中NFI指数从0.784增长至0.916，卡方与自由度的比值从6.218降低至2.588，比较拟合指数（Comparative Fit Index，CFI）、增量拟合指数（Incremental Fit Index，IFI）、近似均方根误差（Root Mean Square Error of Approximation，RMSEA）等数值的变化也都证明了模型三能够更好地拟合数据。

模型四的各项指标表明其数据拟合比较理想。同模型三一样，模型四相较于模型二有了很大改进。结果显示，模型四与模型三都是能够较好拟合数据的结构模型。

表6-15　工作环境因素二阶验证性因子分析拟合指标

二阶验证性因子模型	卡方（自由度）	卡方与自由度的比值	NFI	CFI	IFI	RMSEA
零模型	4 366.738（171）	25.536	—	—	—	0.337
模型一	1 525.456（152）	10.036	0.651	0.673	0.674	0.205
模型二	945.118（152）	6.218	0.784	0.811	0.812	0.155
模型三	367.530（142）	2.588	0.916	0.946	0.947	0.086
模型四	377.344（147）	2.567	0.914	0.945	0.945	0.085

为检验二阶因子模型构建的合理性，通过观察模型三与模型四的卡方值之比进行判断。通过计算得出，两个模型的卡方比值为0.97，证明了构建的二阶因子模型的合理性，即模型三中5个一阶因素97%的变化是由二阶因子模型的工作环境因素结构来解释的。

（2）外部环境因素验证性因子分析

同工作环境因素验证过程相同，外部环境因素维度验证过程也分为四个阶段。表6-16展示了外部环境因素各阶段模型的拟合优度指标。其中，零模型中卡方与自由度的比值为 35.384，说明零模型对数据的拟合很差。模型一为所有拟合优度指标提供了一个相对于零模型更好的拟合。与模型一相比，模型二所有的拟合优度指标均显著提高。但是，依照对各项指标公认的标准，这两个模型都不能被认为与样本数据吻合度良好。

模型三的各项指标表明，此模型相较于模型二有了很大改进，其中 NFI 从 0.818 增长至 0.943、卡方与自由度的比值从 7.737 降低至 2.673，CFI、IFI、RMSEA 等数值的变化也都证明了模型三能够更好地拟合数据。

模型四中的各项指标表明其数据的拟合比较理想。同模型三一样，模型四相较于模型二有了很大改进，说明模型四与模型三都是能够较好拟合数据的结构模型。

表6-16　外部环境因素二阶验证性因子分析拟合指标

二阶验证性因子模型	卡方（自由度）	卡方与自由度的比值	NFI	CFI	IFI	RMSEA
零模型	2 759.922（78）	35.384	—	—	—	0.399
模型一	1 045.552（65）	16.085	0.621	0.634	0.636	0.264
模型二	502.907（65）	7.737	0.818	0.837	0.838	0.177
模型三	157.730（59）	2.673	0.943	0.963	0.963	0.088
模型四	158.237（61）	2.594	0.943	0.964	0.964	0.086

为检验模型四构建的合理性，通过观察模型三与模型四的卡方值之比进行判断。通过计算得出，两个模型的卡方比值为 0.997，证明了构建的二阶因子模型的合理性，即模型三中的 5 个一阶因素的 99.7% 的变化是由二阶因子模型的外部环境因素结构来解释的。

综上所述，普通高等学校教师流动影响因素结构方程模型的参数估计结果表明，标准化系数合理，模型中未出现负的误差项，标准误差在正常范围值之间，模型适配度标准，各检验参数不存在违反常规的情况，说明高校教师流动影响因素结构方程模型的参数真实有效，不存在误判情况。运用该模型及其参数对实际问题进行解释是合理有效的，可以继续对各因素的影响程度进行计算。

选取最大似然估计方法对图 6-2 中"普通高等学校教师流动影响因素的结构方程模型"进行参数估计。运行 Amos 22.0 统计分析软件，得到普通高等学校教师流动影响因素结构方程模型的标准化路径系数图，如图 6-4 所示。根据图 6-4

可知，高校教师流动影响因素中工作环境因素对教师流动的总效应为 −0.471，外部环境因素对教师流动影响效应值为 0.256，说明流出高校对教师流动产生的推力要大于外部环境因素在教师流动中产生的拉力。也就是说，相比外部环境因素对高校教师的吸引力，流出高校内部的种种因素更易造成教师的流动。此外，通过图 6-4 可知，工作环境因素和外部环境因素维度下的各子维度对高校教师流动也存在不同程度的影响。工作环境因素中，晋升发展是对高校教师流动产生影响最大的因素，工作条件、学校管理和薪酬状况的影响程度次之，人际关系的影响程度最弱。在外部环境因素中，人才引进条件对高校教师流动的影响程度最大，也就是说高校教师往往会流动到人才引进条件更优越的高校。此外，组织声望对高校教师的流动行为同样存在较大影响。一般情况下，高校教师更希望流动到声望更高的高校。在本次调查中，除了组织本身的因素外，家庭责任和城市环境对高校教师流动也存在影响。比如，部分教师的流动是为了解决与配偶异地的现状，或者为了子女接受更好的教育等。城市环境也是高校教师流动过程中会关注的因素。自然环境更好、经济更发达是吸引高校教师流入不容忽视的重要因素。

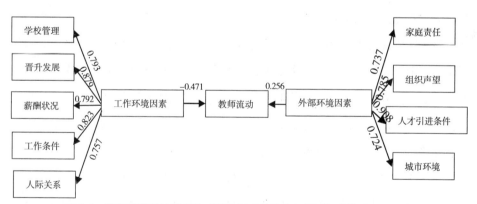

图 6-4　普通高等学校教师流动影响因素结构方程模型标准化路径系数图

普通高等学校教师流动影响因素理论框架是从教师的角度出发进行构建的，因此，该理论框架中的影响因素主要来自微观层面（教师个体）和中观层面（高校组织）。但是，高校不是一个封闭的系统，会与外界宏观环境产生能量的交换。同样，高校教师的日常工作虽然发生在高校系统，但是会受到区域、市场和政策等宏观层面因素的影响。这些因素在高校教师流动中如何产生作用，哪些因素容易引发高校教师流动，著者将利用案例法对微观层面和中观层面的高校教师流动影响因素进行分析，并利用文献法对宏观层面的高校教师流动影响因素进行分析。

二、普通高等学校教师流动的微观层面影响因素

高校教师流动的微观层面影响因素主要指来自教师个体的各种影响因素。通过前文的研究可知，高校教师流动的个人层面影响因素主要包含晋升发展、薪酬状况、人才引进条件和家庭责任。这些因素究竟是如何影响高校教师流动的？哪些因素容易引发高校教师流动的现实困境？这是需要继续深入探究的问题，也是本部分探讨的主要内容。

休谟（David Hume）指出，"科学都与人性有关，无论任何学科与人性相距有多远，它们总是会通过各种途径回到人性本身"[165]。正确去理解人性，是解决一切社会问题的逻辑起点。但是，人是世界上最复杂的动物，解释人性的内涵并非易事。在关于人性的理解上不同学者有着不同的看法，也出现了不同的人性假设。恩斯特·卡西尔（Ernst Cassirer）认为：人类活动的系统界定了人性的"圆周"，大部分学科都只是在"扇面"区域中定义人性和研究人类的活动[166]。所以，处于不同系统中的人可以展现出不同的人性特征。高校教师也是如此，处于不同系统中会产生多重人性表征。为了能够更加透彻地了解高校教师流动过程中个体因素产生的影响，著者尝试从"经济人""社会人""自我实现人"的人性假设出发，对高校教师流动微观层面的影响因素进行探究。

（一）"经济人"假说视域下经济利益的驱动

许多西方学者本着理性主义原则对人性进行了研究与规定。亚当·斯密在《国富论》一书中对人性的本质进行了总结，并提出"经济人"假说。他认为，人的本性就是自私的，这是社会分工的根本原因。对个人利益的追求是所有经济活动的心理动机，是所有经济活动有序进行的根本动力[167]。埃德加·沙因（Edgar H. Schein）从员工行为的角度假设，认为当员工受到经济性刺激的激励时，可以做出

任何能够为他们带来最大经济收益的事情[168]。

从"经济人"假设角度来看,促使高校教师流动的直接原因是经济利益的驱动。这些经济利益包括教师的薪资福利以及一些与经济利益相关的物质保障,如住房、社保以及子女教育等。我国不同地区、不同层次的高校在教师的物质待遇方面存在较大差距。一般而言,省属高校的教师物质待遇要低于部属高校的教师物质待遇,欠发达地区高校教师的物质待遇要明显低于发达地区高校教师的物质待遇。这种经济差距往往成为高校教师发生流动的直接驱动因素。也就是说,为满足基本的生理安全需求,教师一般会暂时抑制对于其他方面的需求,通过流动去到能够提供更好物质待遇的高校。

M 教师流动前就职于华南地区的某二本高校,在该学校工作近十年后产生了流动想法,后流动到当地的另一所二本高校,流动前后其所处的高校层次和地区层次均未发生变化。著者对 M 教师为何流动进行了访谈。根据 M 教师的回答,著者将影响 M 教师流动的因素和影响程度绘制成图,如图 6-5 所示。

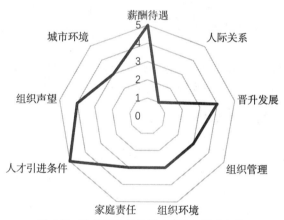

图 6-5　M 教师流动的影响因素及影响程度

对于 M 教师而言,影响其流动的因素有很多,如晋升发展、组织声望、组织管理和组织环境等。但是,这些因素对其流动的影响程度都相对较弱,对其流动产生最重要也是最直接影响的因素是经济待遇。M 教师表达对原高校薪酬待遇的不满是造成其产生流动想法的首要因素,现高校提供的优厚人才引进条件是其最终决定流动的最重要因素。

薪酬是指员工从雇主或从组织中获得各种货币性收入、福利以及服务等物质性收益的总和[169]。薪酬是影响人才流动的重要因素。在市场经济体制影响下，人们的文化价值观念不同于过去，逐渐开始以经济状况作为职业价值高低的评判标准。人们总是向着经济回报更高、人才供不应求的地方流动。虽然高校教师不同于一般社会劳动力，但是他们同样希望能够拥有更好的物质生活条件。尽管这种希望有时会因为对更高层次需求的追求而居于次要地位，但不能否定这种追求的基础性。薪酬待遇始终是研究高校教师流动影响因素的一个热点。研究者们通过理论研究和实证研究，从不同视角出发，分析二者的关系，但目前研究结论还未达成一致。例如，玛蒂尔（Matier）的研究结果表明，薪酬不足是引发高校教师流动行为的基本且直接因素[170]。但是，也有学者通过研究认为，薪酬对于高校教师流动没有直接影响[171]。

事实上，虽然薪酬并非造成高校教师流动的唯一影响因素，但是对教师流动的影响不容忽视。从历史发展来看，20世纪80年代，我国高校教师待遇的情况是薪酬低、福利差、社会保障低等，造成大批教师为了缓解经济压力，或是选择跳槽，或是离开教育行业选择"下海"。直到20世纪90年代，随着教育事业的发展，教师薪酬待遇水平不断提高，教师向教育职业外流动的现象才逐渐得到缓解，取而代之的是在高等教育领域内部向能够提供更高待遇的高校流动。目前，我国高校教师的待遇已经比过去有了明显提升，但是一些教师会通过与自己过去的薪酬进行纵向比较，或者与周围人的薪酬进行横向比较，以判断自己的薪酬情况。若在比较过程中教师感到了某种不公，往往会产生流动倾向或流动行为。

在谈到经济因素对教师流动产生的影响时，M教师表达了薪酬待遇的差距造成其心理不平衡，为了获得符合心理预期的薪酬待遇选择了流动。

M教师："我们刚一毕业的时候大家难免聚啊聊啊，你就会发现落差非常大，你就会觉得博士虽然是博士，但是程度还是小有差距的。他可能原来在成绩上并不如你，但现在收入令你望尘莫及了，这时候心理上就有波动了。我工作了11年，我房屋公积金这一部分，每个月才一千多块钱，到现在我才一千多块钱。

2013 年我们刚毕业的时候，我有个同学刚入职了南方的一个民办院校，每个月就是一千五，也就是五六年前人家就比我现在还要多，就是我的二倍，这就会让我产生想要换一份工资更高工作的想法。"

M 教师的回答反映了当下大部分高校教师的心态。他们虽然拥有较高的学历，但是在高校工作待遇方面不如一些不需要具有较高学历的工作者。薪酬对于高校教师的意义并不完全在于表面的多寡，也意味着学术组织的公平性及对个人成就和潜力的肯定。就像 M 教师所说："我对于薪酬待遇的不满并不是说薪资和待遇拿到手的钱得有多少，而是有的时候它事关作为教师或者作为博士的尊严。"

弗雷德里克·赫兹伯格（Fredrick Herzberg）的双因素理论指出，若没有满足员工的保健因素，员工就会产生不满情绪。对于高校教师来说，工资福利、公积金、医疗保障等都属于保健因素，若达不到需求，就会产生离开的想法。激励因素是让员工保持满意的因素，能够激发员工的工作效率和热情。对于高校教师而言，职业发展属于激励性因素。教师属于高成就动机群体，他们会非常注重在工作中获得成就和荣誉，若未达到其发展预期，就会产生流动想法。M 教师在流动过程中，首要看重的是人才引进条件。她比较赞同高校以高薪的方式吸引人才，不但能够满足教师对经济待遇方面的需求，而且能够满足高校发展对人才的渴求。

有研究指出，薪酬高低对于留住高校教师的作用较弱，但是在吸引高校教师流入时往往是最强的诱因 [172]。这与本书的研究结果一致。通过图 6-4 可知，在推力维度中，薪酬待遇的标准化路径系数为 0.792，工作条件、晋升发展以及学校管理这几个影响因素的标准化路径系数均高于薪酬待遇，说明薪酬待遇并非造成高校教师产生流动行为的首要因素。但是，在拉力维度中，人才引进条件的标准化路径系数最高，说明经济因素是吸引高校教师流动的重要因素。一般而言，高校教师会先产生流动倾向，然后开始持续关注外界的工作机会。此时，若有高校能够提供较为可观的人才引进条件，一些高校教师会更加倾向于流入此类高校。在访谈过程中，M 教师也直言不讳地表示，其流动的目的就是获得更好的经济待遇。

M 教师："我来这边主要就是工资给的更高，安家费也挺高的。我原来的学校感觉也还不错，因为那边离我家近，所以感觉很方便。这边就离远了一点，但是那边工资会少一点，经济压力比较大，放到这边能好一点。职称提上去的话，后续也能更快，比如说先评上副教授，能够更快地评博导。我们学校针对不同人才引进政策是不一样的，这要看自己的实际水平。另一方面，从薪酬的角度看，现在的学校比之前的（学校）收入高很多，尤其是做专任教师。基本上副教授职称拿到的课时津贴要比原来的，不管在哪个学院都应该差不多高出一倍，这肯定会吸引我来这啊。"

通过 M 教师的流动经历来看，表面上 M 教师对于原高校薪酬待遇的不满引起了她的流动，但事实上这种不满是一种心理上的不平衡。对于高校教师而言，薪酬待遇的高低在某种程度上是对他们自身价值的一种体现，当薪酬待遇未达到他们的预期时，便会选择通过流动来满足这方面的需求。

经济基础决定上层建筑。优越的经济待遇和福利支持对吸引人才具有积极的助力作用。但是，在现实中，一些高校和地方政府将这种经济激励用到了极致，利用高额待遇争抢高层次人才资源的做法屡试不爽。一些高校甚至开出数百万、上千万的薪酬来吸引学科带头人[173]，造成部分学科带头人擅自离职，违反了与原单位签订的人事合同[174]。在这场以经济激励作为重要政策工具的"抢人大战"中，发达地区的高校由于具有优越的经济条件，占据了十分优越的地理位置，成为人才"收割机"，助长了我国高等教育在区域上"东强西弱""中部塌陷"的现实问题。

（二）"自我实现人"假说视域下教师自我价值的实现

沙因关于"自我实现人"的人性假说类似于道格拉斯·麦格雷戈提出的 Y 理论，即人的需求有低层次和高层次之分，处于最高层次的是自我实现的需求。对于高校教师来说，他们的需求也可以分为多个层次。每当较低层次的需求被满足后，他们就会追求更高层次的需求。结合实际情况来看，当高校教师解决最基础的生存问题后，他们会继续追求更高层次的需求。此时，学术平台的高低、职业发展的前景等就会成为影响其流动的主要因素。研究表明，良好的学术条件、科研平台以及拥有与顶尖科研团队合作的机会，对于科研人员而言具有十分强烈的吸引力[175]。这与本书的研究发现相似。图6-4的结构方程模型分析结果表明，高校教师离开原工作高校的首要因素就是晋升发展。当教师认为所在高校无法为自己提供更好的发展空间或是无法顺利晋升时就会选择离开。

Y教师流动前就职于东北地区某二本高校，在原单位工作期间选择继续攻读博士学位，在取得博士学位后流动到华南地区某一本高校。Y教师流动前后地域层次得到了提升，高校层次也得到了提升。对影响Y教师流动的因素及影响程度进行访谈后，著者根据Y教师的回答绘制了图6-6。

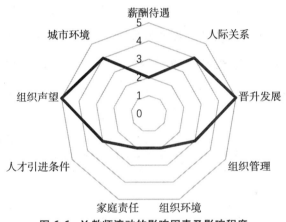

图6-6　Y教师流动的影响因素及影响程度

从图6-6不难看出，影响Y教师流动的因素有很多，如薪酬待遇、城市环境等，但是导致Y教师离开原高校最重要的因素是晋升发展方面的限制。

Y教师："我原来工作的学校是一所地方性的本科院校。它发展的速度特别慢，后劲也不足。而且原来的学校对于人才的制约，或者说打压十分明显。另外，职称评聘不太合理。当时的政策是一个部门中没有相应的职称空档，后面的人就不能评也不能聘。像我这个年龄当年正好介于评副教授职称前后的阶段，当时我们积压了讲师十多人，也就是我们这十多人都要等到那负数为零之后，有正数出现了，才可以解决我们的职称问题。再就是作为地方院校，申报一个省级科研项目，省里所有的项目都有一定的级别，指标到校的，像我们这种学校，可能全校全年评下来项目也没有几个人，整个平台对于教师的发展而言限制比较大。所以，综合这一系列因素，我决定离开。"

在 Y 教师看来，影响其离开原高校的原因主要如下：第一，学校内部领导对人才存在打压现象；第二，学校教师职称评聘制度存在不合理问题，即已经达到晋升标准的教师仍要等待空缺出来的位置，造成许多教师可能多年无法获得晋升；第三，原工作高校属于一所市属高校，发展慢、后劲不足、发展受限。综合来看，Y 教师选择离开的核心因素是原高校已经无法满足其自我发展层面的需求。玛汉·坦姆仆（F.M.K.Tampoe）在研究中发现，知识型员工的需求主要有四个方面，分别为工作自主性、个体的成长、物质财富和业务成就[176]。高校教师是利用知识从事教育科研工作的，属于典型的知识型人才，会比其他职业更加关注未来职业发展和能够获得的成就。对 Y 教师而言，当她发现在原单位已经无法获得自我实现需求时，便做出了离开的决定。而在她流动的过程中，最重视的就是组织声望。在她看来，声望更高的高校能够给教师提供更广阔的发展平台，可以满足其自我实现的需求。

作为高学历、高素质、高层次的知识型群体，高校教师自我实现的需求与其职业生涯紧密相连。晋升发展是高校教师满足自我实现需求的重要途径之一。是否拥有广阔的发展空间、职称能否顺利晋升，始终是高校教师职业生涯发展中关注的重点。高校教师的发展空间除了薪酬提高、职称晋升等传统标准之外，还囊括了奖项申请、发表论文、人才称号评价以及学术网络等。特别是中国重视"长远发展机遇"的文化心态，使得是否拥有广阔的发展空间成为影响高校教师流动的关键因素。当高校教师认为所在高校的平台较低或是对其发展产生限制时，就很容易产生离开的想法。Y 教师明确表达了由于原高校的层次限制，每年的项目申请数量受到限制，进而阻碍了教师的发展。职称评定关系到高校教师的工作保障，同时是激发教师工作热情的核心因素。有学者提出，自我实现和组织绩效的提升并不是天然的矛盾体，若拥有合适的时机，员工会自愿把个人目标与组织目标结合起来[177]。但是，我国不同地区、不同高校以及不同学科中存在"职称评定难度"的客观性差别，以及职称评定中存在学缘结构和公平性等问题，导致教师很难将自我实现需求与组织目标有效结合，致使职称评定受阻成为高校教师流动的重要因素。例如，在一些高校的职称评定过程中，新教师与老教师存在评定冲突。尽管新教师的显性学术成果远远高于老教师，但是由于职称评定标准设置不合理、同行评议制度缺乏公平性等，造成部分教师无法顺利晋升。这也是Y教师在职称评定过程中遇到的问题，同时是造成她选择流动到其他高校的重要因素。

Y教师的流动揭示了在部分高校中教师发展难的问题。在学校层次更高、学科实力更强的组织中，教师更容易获得更多的资源、拥有更广阔的发展空间。而在学校层次较低、学科实力较弱的组织中，教师获取资源的能力明显弱于前者。所以，就职于学校层次较低、学科实力较弱的高校中的教师在职业发展受阻时很容易产生流向学校层次高、学科实力强的高校的想法。

（三）"社会人"假说视域下家庭责任的要求

马克思认为，人的本质是自然属性与社会属性的结合体，但人最本质的属性应该是社会性的。家庭是人类社会中的基本单元，也是每个人赖以生存的微观环境。家庭对于高校教师而言，是专业发展的生活场所。教师的家庭情况对其职业流动存在不容忽视的影响。"家本位"思想普遍存在于中国人的内心。"家"的概念深入人们生活的方方面面。人在做出各种决定时，都会将"家庭"作为重要的考虑因素。对于高校教师来说，家庭责任也是影响其流动的重要因素。作为家庭一员的教师，尤其是已婚教师，他们处在特定的家庭关系中，导致其流动行为会受到家庭各种关系的限制。

C教师流动前就职于东北地区某省属二本高校，后流动到东北地区相邻省份的某省属二本高校工作。流动前后C教师所处的地区层次和高校层次均未发生变化。影响C教师流动的因素和影响程度如图6-7所示。

对C教师而言，她流动的原因十分简单，主要在于家庭方面。C教师流动前的工作地点和家庭所在地属于两个相邻的省份，起初她并未产生流动想法，对原高校的工作也比较满意。但是，C教师在2016年有了孩子后，考虑到孩子的照看问题决定流动。除此之外，人才引进条件、薪酬待遇和组织声望在其流动过程中也存在影响，但影响程度次之。晋升发展、组织管理、组织环境、城市环境以及人际关系，在 C 教师的流动过程中基本不存在影响。

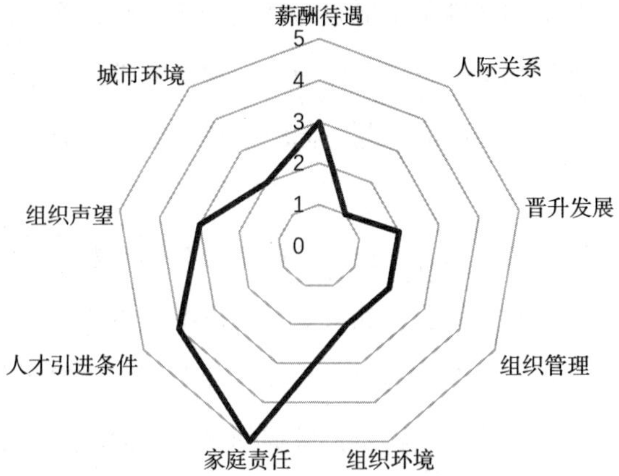

图 6-7　C 教师流动的影响因素及影响程度

C 教师："我对于原来的工作是比较满意的，之所以换工作是因为我的家庭在哈尔滨，家里人也都在哈尔滨。2016 年的时候我生了小孩，觉得两地不是太方便。所以，当时就想能回哈尔滨更好。正好 2017 年的时候，现在的学校有机会，所以我就应聘回来了。当然也有一些次要原因，比如原来的单位比现在赚得稍微少一些，还有一个原因就是在原来的单位主要是科研方面的工作，没有教学，我希望在教学方面自己也有一些经历，所以就选择了现在这个单位。但是，要说决定我换工作的原因还是家庭方面吧。"

C 教师的流动经历说明，性别与高校教师流动存在相关性。尤其是对于已婚已育的女教师来说，家庭责任在其流动中产生的影响很大，其通常会从家庭稳定和子女发展等方面考虑问题。如果通过流动可以为家庭带来好处，她们往往会表现出强烈的流动意愿。反之，如果流动会给家庭带来各种不便，她们往往会选择不流动，继续留在原单位工作。也就是说，女性一旦进入婚姻，无形中会主动承担更多的家庭责任，导致女教师的流动呈现出一种"伴随性"特征。

此外，C 教师表达了组织声望、经济待遇等方面的因素对教师流动存在一定的影响。这说明女性教师存在较为强烈的追求到高声望高校工作的意愿。乔纳森·科尔（Cole Jonathan P）的研究证明了这一观点：同处于声望较高地位的女性教师和男性教师，前者往往比后者获得终身职位的比例低，主要是由于女性教师更加在乎高校声望[178]。对C教师而言，家庭责任因素限制了其流动的选择范围。虽然她也表示希望可以到组织声望更高的高校工作，但是最终还是选择了在家庭所在城市的高校工作。

三、普通高等学校教师流动的中观层面影响因素

本书中高校教师流动中观层面的影响因素主要指高校组织在教师流动中所产生的影响。著者通过问卷调查和访谈调查发现，流出高校和流入高校中都存在影响教师流动的各类因素。流出高校产生的推力因素主要包括工作条件、学校管理和人际关系等。流入高校产生的拉力因素主要包括组织声望和人才引进工作等。为了解这些因素是如何在高校教师流动过程中产生影响的，著者结合案例分析法进行了讨论。

（一）流出组织对普通高等学校教师流动的影响

前文通过访谈调查和编码归纳了影响高校教师流动的推力因素，主要包括工作条件、学校管理和人际关系等。利用 Amos 统计软件分析发现，这三类因素中对高校教师流动产生影响作用最大的是工作条件（标准化路径系数为 0.823），其次是学校管理（标准化路径系数为 0.793），最后是人际关系（标准化路径系数为 0.757）。

1. 工作条件是影响高校教师流动的潜在因素

每一个组织都存在于特定的物理和技术环境，并且要与所处环境相适应[179]。高校中教师的教学与科研活动也依存于特定的物理与技术环境，若要完成正常的教学、科研工作，至少需要具备最基本的保障条件。然而，事实上，由于我国教育资源分配不均匀，不同层次和地区的高校所获得的教育经费投入存在很大差距。这种差距直接影响高校的办学条件、办学环境等硬件。从访谈中可以发现，对工作环境表示不满的教师一般都来自普通本科高校。

M教师对于原单位的工作环境表达了一定程度的不满："我觉得学校在小的物理环境的建设上关心不够，比如，我每天去上课就会出现多媒体设备有问题、教室的卫生不理想等状况，有的时候说哪个班级学生上课就由哪个班级收拾，其

实不是这样的。大多数情况下，学生就在这儿上这两节课，然后就撤出去了，很难尽责来维持这个教室的卫生。有一次扬声器不好使，马上就要上课了，然后维修的人员来了非要占用我上课的时间来维修，我说那我不用了，其实那堂课我非常累，因为是 200 人的大教室。但是，如果当时修的话，会严重影响课堂教学的顺利开展。"

恶劣的工作环境对高校教师的正常教学工作存在一定的负面影响，长此以往，一些教师难免会为了获得更好的工作条件而选择流动。除教学条件外，不同层次的高校科研条件也存在较大差距。与部委属高校相比，普本高校能够获取的科研经费非常有限，科研设备也相对落后。对于教师来说，科研条件的落后严重影响了他们的科研工作和科研热情。

从总体来看，无论是办学条件、办学环境还是科研经费，普通本科高校往往落后于"双一流"建设高校。访谈中有教师表示，其所在高校甚至无法保证教师日常教学与科研工作的正常进行。在这种情况下，当教师有机会流向层次更高的高校时，工作条件会成为他们选择离开的潜在因素。这也在一定程度上解释了高校教师从较低层次高校向较高层次高校单向流动的原因之一是获得更好的工作环境。

2. 组织管理是影响高校教师流动的诱发因素

管理学家彼得·德鲁克（Peter F. Drucker）指出：管理是一种工作，拥有属于自己的技巧、方法以及工具；管理是一种赋予组织以能动的、生命的和动态的器官；管理还是一种能够到处适用的系统化知识；管理还是一种文化[180]。良好的管理对于组织的有效互动、健康发展起着重要作用。只有通过有效管理，组织才能够推动目标的实现。对于高校管理者来说，良好的管理有助于学校工作的有序进行，还能够增强成员的凝聚力；反之，管理不善易引起组织内部各方矛盾的激化，阻碍学校日常工作的正常开展。

影响 Y 教师流动的首要因素为晋升发展，但原学校的管理不善也是引发 Y 教师流动不可忽视的因素。在谈到组织管理方面的影响时，Y 教师也表达了对原学校的不满。

Y 教师："学校对于教师最大的'支持'就是对于教学的不合理要求，你会有大量的教学工作，非常烦琐，有大量的行政要求，甚至后来达到什么程度，每学期要给老师评讲课的排名，排在后面的甚至要去参加学习班之类的。这导致的后果就是老师在教学上疲于奔命，甚至没有很多时间沉下心搞科研。另外，我觉得学校的教务管理不怎么理想，无形中给老师增加了很多工作，有时候会感觉这简直不是一个大学里该要求的东西，更像是一个高中或者中专（院校）对老师的要求。虽然这些不是造成我换工作的首要原因，但是也算是次要的、附加的原因吧。"

学校管理与教师的工作密切相关，对教师的教学和科研起着重要的支撑作用。所以，学校管理对于教师流动的影响不容忽视。在高校管理方面，学术和行政间是否存在良好的关系、行政工作是否有效支持教师的教育和科研活动、学校管理方式是否民主、管理过程是否过于烦琐等，都是教师能够直接感知到的管理情况。如果组织中存在管理模式滞后、激励机制不完善、管理缺乏民主性、职称评定过程混乱等问题，势必会影响教师日常工作的积极性，甚至会使优秀人才从组织中流失。可见，组织管理的优劣程度不但影响学校的发展，而且影响教师队伍的稳定性。

3. 人际关系是影响高校教师流动的社会性因素

人际关系是一种社会性关系，是人们在日常生产和生活中建立起来的。因为生活和工作的质量与人际关系呈现高度相关性，所以人际关系失衡会对人们的日常生活和工作产生直接影响，也是员工发生职业流动的直接原因。教师间的人际关系是指教师们通过交往而形成的一种稳定的心理关系。本书所关注的人际关系主要包括教师与教师间的关系和教师与管理者间的关系。

教师与教师的关系中，由于他们的文化素养、受教育程度以及日常教育科研工作存在许多相似之处，在工作目标和工作职责方面也具有较高的同质性，使教师之间更容易形成较为稳定的人际关系。但是，由于教师工作存在同质性，也很容易形成竞争关系，且在一定范围内这种竞争关系可能会愈演愈烈，对构建教师与教师间良好的人际关系存在一定的影响。当教师发现自己无法融入组织中既定的人际关系时，流动行为就可能成为他们解决这种人际关系困境的选择之一。

在教师与管理者的关系中，教师与管理者间关系失调始终是高校治理中非常明显的矛盾之一，且已然成为行政权力和学术权力之间的较量与抗衡。从理论角度而言，教师是学校的核心资源。教师的发展直接影响着组织的发展。高校管理者应为教师的日常工作提供充足的物质资源和保障，以及良好的教学、科研和社会服务环境。但是，现实情况往往表现为组织中的行政权力过大，学术权力被排挤，无法保障教师的正当权益。面对管理上存在的问题，有些教师会通过消极怠工的方式表达不满，还有些教师会直接选择结束在当前高校的工作，转而流动到其他高校。

M 教师："我在调动工作前，是当时学院唯一已毕业的博士，在学校受到一定打压，很多时候没有话语权。我的年龄刚好是一个后备干部的储备年龄，对于领导来说应该是有威胁的。那种环境造成了我很压抑的一种状态，就形成了更多想走的原因。"

对高校教师而言，人际关系因素一般不会成为其流动的决定性因素，但不可否认，恶劣的人际关系对于高校教师流动来说是一种重要的附加因素。良好的人际关系有助于增强组织成员的归属感和向心力，无论对教师自身还是学校发展都具有重要作用。所以，高校管理者要关注组织内的人际关系问题，努力建立良好的人际交往环境，避免因人际关系不良造成不必要的教师流失。

（二）流入组织对普通高等学校教师流动的影响

调查发现，流入组织对高校教师流动存在影响的因素主要包括组织声望的高低和人才引进工作两个方面。

1. 组织声望是吸引高校教师的重要因素

前文的研究结果表明，对于高校教师来说，在流动过程中他们往往更加偏向选择学校声望或学科声望更高的高校。关于组织声望对高校教师流动的影响，学界存在不同的观点。第一种观点认为，学术声望与高校教师流动无相关性；第二种观点认为，组织声望存在差异的高校中，导致其教师流动的影响因素也存在差异[181]，即组织声望通过影响其他流动因素影响教师的流动行为；第三种观点认为，组织声望与教师流动存在正相关关系，即相较于薪酬待遇等因素，教师流动时更看重组织声望的高低[182]。第三种观点与本书的研究结果相同。我国高校的"品牌化"意识不断增强，如过去以"985工程""211工程"将高校进行分层，现阶段则是以"双一流"建设将高校进行分层。在流动过程中，高校教师十分关注高校所处的层次。

著者将组织声望分为学校声望和学科声望。在学校声望方面，通过调查发现，大部分教师在高校间流动的方向是选择从较低层次的高校流动到较高层次的高校，并且这种单向流动趋势远远高于从较高层次高校流动到较低层次高校。如果用金字塔来形容我国的高校层次，最底层是占比最大的普通高校，越往上是声望越高的高校，越到金字塔顶端高校数量越少，这部分高校往往会获得政府更多的财政、科研等方面的支持。进入这些高校工作，教师可以获得更广阔的发展空间和更多的科研支持。但是，在高等教育领域，这种"人往高处走"的现象造成高校间的"马太效应"，即声望高的高校不断有优秀人才流入，而声望较低的高校不得不面对人才的不断流失。

M教师："举个例子，北京如果是教育学的话，正经的教育学专业有北师大、中国民族大学、首师大。如果可能的话，我会优先考虑这三个学校，哪怕它们工资都低。比如，北师大的工资比首师大低，但我如果能留下来肯定会优先考虑北师大……为什么呢，就是它的学术排名啊、学校的等级。比如，北师大是985，首师大不是。当然，首师大教育现在算'双一流'吧，但是排名肯定不如北师大，那我肯定会优先考虑北师大，哪怕薪资少一点。"

高校教师在流动过程中不仅会关注学校声望，而且十分关注学科声望。对于高校教师而言，他们的学校归属感往往弱于学科归属感。与忠诚于所在高校相比，他们更忠诚于所从事的学科[183]。这在某种程度上解释了有些教师的流动表现为从学术层次较高的高校流动到学术层次较低的高校，即流入拥有更高学科声望的高校。著者认为，组织声望与高校教师流动存在正相关关系，即组织声望越高，教师流动性越强。高校教师对所在学科的忠诚度高于对所在学校的忠诚度，所以相较于选择学校声望更高的高校，教师更加倾向于选择学科声望更高的高校。

2. 人才引进盲目追求"头衔"人才

高校对人才的渴求是无限的。不断吸纳优秀人才组建优秀的教师队伍，是高校的现实需求。但是，在实际情况中，许多高校在引进人才时存在很大盲目性。比如，缺乏全局性的人才发展规划，忽略组织实际需要的人才，只关注引进的人才是否拥有各类"头衔"，硬性规定每年要引进院士或博士的数量，人才引进工作成为"头衔"引进。

（1）行政导向导致盲目人才引进

我国高校属于事业单位，由政府部门统一管理。虽然在从计划经济体制向市场经济体制转型的过程中，高校逐渐拥有了更多自主权，但是目前政府对于高校人事管理始终保有较强的控制权力[184]。政府主要通过高校编制管理对高校人事安排进行干预。高校由于需要政府财政资源支持，仅仅可以在政府编制管理外有限的空间进行人事自主管理。虽然，目前高校人事管理自主权逐渐扩大，政府对于高校人事管理的干预减弱，但是，这并不代表着政府的行政干预对于高校教师流动的管理随之减弱。高校教师流动中出现的种种问题或多或少与政府对高校人事管理的介入存在关系。例如，高校间人才的竞争几乎都伴随着政府对高校的各种评估，如多轮的本科教学评估、"双一流"建设高校评估等。在这些评估中，高层次人才的数量往往包含在衡量高校办学水平的标准中，因此，高校间对于高层次人才的抢夺尤为激烈。高校管理者将有限的财政资源用在吸引高层次人才上，在一定程度上造成"知识分子的理性主义让位于实用主义，对待生活存有明显的工具主义的态度"[185]。

（2）重"外引"、轻"内培"

对于高校组织而言，建设高素质、高水平的师资队伍始终处于组织发展的核心位置。在"双一流"建设背景下，许多高校为尽快跻身"双一流"行列，加大了人才引进力度，尝试利用各种方式吸引更多的人才。我国政府对于下属高校的评价种类多、周期短。在多维评价的引导下，许多高校只重视短期目标，在教师队伍建设工作中表现出重"外引"、轻"内培"的特点。为迅速获得办学效益，高校领导会将更多的精力放在显性的排名上，把容易量化的学术产出作为重要的参考指标。依靠高薪酬、高待遇引进教师，成为高校吸引优秀人才的首要选择。由于这种方法非常便捷和容易复制，路径依赖下出现"过度敛才"现象[186]。毛建青等人的调查显示，自从 2015 年"双一流"建设总体方案颁布以来，在 42 所世界一流大学建设对象中，87.5% 的校长认为人才引进与教师队伍建设是当前最重要的工作[187]；具有一定学术潜力的青年教师要成长为一名合格的高层次人才或学科带头人，一般需要 10 年及以上的时间。我国高校校长任期普遍较短，以 5 年为一个任期，连续两届必须轮岗。这造成校长在任期内大量引进各类高层次人才，以达到在短时间内获得更多资源，在学校排名、学科评估以及综合实力等方面实现短时间内快速赶超，以提升自己的政绩，获得更好的职业发展和行政级别提升。

许多高校在不断提高人才"外引"重视程度的同时，往往忽视了对组织内部青年教师群体的培养。从组织的长远发展来看，人才梯队的搭建一定要依靠自身的"造血功能"，即组织要始终重视对内部人才的培养。但是，事实上许多高校管理者忽视了这一点。某高校人事管理人员表达了学校对于不同层次人才流动的态度。人事管理人员 A 在东北地区某省属二本高校工作，在被问到当前"双一流"建设背景下学校对教师流动表现出哪些态度时，人事管理人员 A 表示："我们学校属于一所地方性普通高校，和一些"985""211"高校比在人才流动这方面不占优势。所以，我们比较害怕一些学科带头人、优秀人才流失。就是说，学校肯定是希望不断有高层次人才来，学校内部的人才不要走。虽然我们也在不断引进新的人才，但是同时，也不希望现在的人才被抢走。我们学校有些高层次人才离开时和学校闹得挺不愉快，但是对于普通教师流动来说学校不会过多挽留。"

这种过度依赖人才引进、忽视组织内部人才培养的现象，很容易造成高校内部人才梯队断层。组织内部培养的人才具有外引人才无法具备的一些优势。第一，降低招聘成本和效率。内部培养人才具有成本低、效率高的优势，而且节约了人才招聘的成本。第二，忠诚度高。教师通过在组织内部的学习、成长和收获，会对组织具有比"外引"教师更高的忠诚度，不会轻易离开。第三，价值观念的契合。组织内部培养的教师与组织经过了长时间磨合，往往更易与组织具有相同的目标和价值观，也更加认同组织的价值观念和行为规范。所以，高校在重视优质人才的引进工作的同时，不能忽视对组织内部教师的内培工作。

四、普通高等学校教师流动的宏观层面影响因素

在计划经济时代，高校教师职业处于一种相对静止的状态。随着市场经济体制的不断深化，高校的人事自主权逐渐扩大，教师的主体意识不断提升。在这种背景下，高校教师流动现象日趋频繁，我国学术劳动力市场逐渐形成并日趋完善，为高等教育领域配置人力资源提供了重要环境。理论上，高校教师合理有序流动，对于优化高等教育领域人力资源配置、提升高等教育质量甚至增强国家核心竞争力都具有十分积极的作用[188]。但是，现实中，高校间、地方政府间对人才的竞争日趋激烈，造成高校教师流动出现了失序现象。尤其在"双一流"建设的强力推进下，高等教育领域对高层次人才的争夺愈演愈烈，"功利跳槽""恶性竞争"[189]等问题陆续出现。所以，当前如何促进高校教师有序流动，缓解高校教师流动困境，已然成为政策决策和学术研究领域亟待解决的现实问题。

针对高校教师流动存在的种种困境，一些研究者从高校该如何应对的角度进行了初步探索。有学者认为，面对高校教师流动的现实困境，地方政府、高校双方应该通力合作，从改善教师薪酬待遇、补偿制度、考核制度等方面提出各种对策建议[190]。这些对策建议对于促进高校教师合理有序流动具有一定价值，但将研究视野局限在高等教育领域，很难从根本上解决高校教师的流动困境。造成我国高校教师流动现实困境的原因是多方面的。一方面，由于我国区域发展不均衡，造成高校教师的区域流向始终处于单向流动的现实困境；另一方面，由于我国学术劳动市场的功能性缺陷、高校教师流动政策体系的不完善等，高校教师流

动无法得到有效治理。本书借助新公共管理理论中关于市场失灵、政府失灵的分析思路，兼顾区域、市场及政策三个层面，分析高校教师流动的宏观影响因素，尝试探寻有效改善我国高校教师流动困境的策略。

（一）区域对于普通高等学校教师流动的影响

目前，我国高校教师流动在区域上表现出一种从经济外围向经济中心、从政治外围向政治中心的单向流动趋势。造成这种单向流动的原因之一是我国各地区发展存在天然差异，而一些高校教师在流动时往往会倾向于流动到自然环境更好、经济更发达的地区。高校教师从产生流动想法到做出流动决策的过程中，势必会对高校所在地区的自然环境、经济发展情况甚至政治环境情况进行了解。区域发展情况在高校教师流动过程中产生的影响不可小觑。

1. 因自然环境差异引发的高校教师单向流动

区域自然环境主要指地理位置、气候条件等天然形成的条件。我国地域辽阔，不同区域的自然环境差异很大，使得我国的人口分布出现天然的区域差异。东、中、西部地区人口密度分布为高、中、低，呈现出显著的正相关性，表现为东南多、西北少的分布形式。华中地区和华南地区处在亚热带湿润地区，华北地处湿润和半湿润的暖温带地区。这些地区优越的自然环境非常适宜人类居住，导致85%的人口生活在35%的土地上。然而，在内蒙古温带草原、青藏高原地区以及西北温带与暖温带沙漠地区，由于自然环境恶劣，不适合人类居住，覆盖了全国50%以上的国土面积但只有不到5%的人口居住[191]。自然环境的差异和区域人口分布的不均衡，对高校教师流动产生了一定影响。

Y教师流动前在东北地区的一所普通公立本科高校工作。她在换工作的过程中，面临两所不同城市高校的选择。一所高校是坐落在华南地区的普通公立本科高校，另一所高校是坐落在西南地区的普通公立本科高校。Y教师最终选择到现在工作的高校，是因为考虑到城市的自然环境和人文环境等因素。

Y教师："选择现在这个学校其实也并不是说就选中了这样一个目标，一定要来这，而是一个机缘巧合的机会，有同学在这边，刚好当时这边也在引进人才，所以，有同学的引荐，我就过来参加了他们的面试，后面考虑到这个城市的特性，这个学校是这里唯一的省级师范大学，从这个角度来说也是受省里的重视，给它的支持比较大，未来（具有）发展空间，我是从这样一个角度来考虑（的）。另外，这个地方，它现在是一个后起的省份，建省的时间才30年，未来的发展空间一定非常大。还有一个就是它的人文环境、空气气候等比较适宜。所以，综合因素让我决定来这，而没有选择其他的地方。"

不难看出，自然环境是造成高校教师区域间单向流动的一个不容忽视的因素。需要注意的是，自然环境一般不会成为引发高校教师流动的主要因素。但是，当教师已经产生流动倾向并开始寻找流动高校时，高校所在区域的自然环境是他们必然会考虑的因素之一。此时，若可选择的高校水平相当，他们往往更倾向于选择流动到自然环境更好的区域的高校工作。

2. 经济发展差异引发的高校教师单向流动

研究显示，经济发展因素是影响人口流动的重要因素[192]。我国地域辽阔，各区域之间经济发展差距十分明显：西部地区的人均国内生产总值（Gross Domestic Product，GDP）增长率为3.75%；中部地区为3.51%；东部地区为5.12%[193]。东部地区经济增速明显高于中西部地区，其中上海、北京、珠三角等区域成为我国经济领跑地区。这些地区拥有优越的自然环境和便利的交通条件，经济发展迅速。反观中西部地区，地理位置上多处于内陆，由于受到自然环境和交通环境的限制，经济发展速度明显低于全国平均水平。在区域经济存在较大差距的背景下，我国的人才流动自然而然形成了一种从欠发达地区向发达地区单向流动的趋势。最明显的一个例子就是20世纪80年代末至90年代末的"孔雀东南飞"现象。造成这一现象的主要原因是我国区域经济发展不均衡。

虽然在国家宏观政策的调控下，我国各地区的人均GDP年增长率差异在不断缩小，但是各地区的收入水平绝对差距仍在持续扩大[194]，我国不同地区的教师待遇始终存在"同工不同酬"的现象。中西部地区由于地理位置、自然环境和发展条件等缺乏优势，经济发展水平落后于东部地区，这对教育发展不均衡存在不可忽视的影响。中西部等欠发达地区的高校因为地方政府提供的财政支持有限，当地教师除了基本工资之外很少享受其他福利性待遇。这些地区的高校在科研平台搭建、生活条件以及教师个人未来发展空间等方面，也与东部等发达地区存在较大差距。东部等发达地区的高校往往拥有更加雄厚的经济实力，能够为高层次人才提供优厚的薪资待遇，更容易留住并吸引更多人才。

东部地区高校凭借自身具有的种种优越条件，不断吸引中西部地区高校的人才。尤其在国家启动"双一流"建设战略后，一些地方政府为了扶持当地一批高校进入"双一流"建设行列，相继出台了一系列政策，同时提供了大量的资金支持。经济发达地区的政府往往能够提供可观的财政支持。但是，相较于经济欠发达地区，经济发达地区对于高校教师具有更大的吸引力，这一现实情况加剧了高校教师区域流动的单向性。

Y教师："没有读博前，我在原来的单位工作得挺开心的，因为我属于一个比较容易满足的人，虽然是个小城市吧，但是当时的学校工作压力也不大，有课就去学校，没课就不去。我当时年纪也不大，所以也不太在乎晋升的事情。后来机缘巧合的机会吧，我就选择考博，这段时间我受到了比较系统的学术训练，也被这个城市吸引了，比如这里经济更发达、开放度比较高。而且可能有性别因素在里面，感觉经济发达地区对于女性更宽容，也相对来说更包容一些。所以，哪怕福建经济条件比较好一点，我也不想去，我宁肯去深圳、去上海，对女性包容度会好一点。哪怕它经济条件比较好，如果文化和社会习俗比较落后的话，我还是会拒绝的。优先考虑像深圳这样的新兴的移民城市，它会比较自由，另外就是像上海这样的，长久发展的、和国际接轨比较久的城市，各个方面条件都会比较好一些。"

对于Y教师而言，城市经济发展水平在一定程度上代表着这个城市的开放度和包容度，也就是说，高校教师希望到经济发展速度更快的城市工作，不仅仅是受到经济原因本身的影响，还有其背后隐藏着更多因素，如城市开放程度、包容程度等。

3. 政治环境差异引发的高校教师单向流动

高校教师流动的单向性还表现为从政治外围流向政治中心。一般情况下，省会城市的人均收入相比直辖市、经济发达地市并不具有明显优势。调查结果表明，我国高校教师流动目标城市排名中省会城市位居第一。这可能是以下两方面原因造成的。一方面，省会城市是一个地区的政治中心，政治资源和教育资源优势更加显著。21 世纪初期，我国的高校数量在地级市、省会城市和直辖市的分布占比分别为 47%、40% 和 13%[195]，可见，省会城市和直辖市的高校分布密度均要远远高于地级市的高校分布密度，其中也包括一些经济发达的地级市。另一方面，省会城市的政治、文化和经济优势相互影响，会不断吸收周边地级市资源，对周边城市的发展会产生一定阻碍。众所周知，高等教育对学术资源存在高度依赖性，因此，省会城市的高校相比地级市城市更易吸引人才流入[196]。

综上所述，我国高校教师在区域上的单向流动，是由于我国各区域发展不均衡造成的，即高校教师在流动时会更加偏向于流动到经济更发达、自然条件更优越的城市。

（二）市场对于普通高校教师流动的影响

"学术劳动力市场"（The Academic Marketplace）一词在 1958 年由美国学者开普勒和麦吉首次提出。他们认为，高校教师流动受市场规律的调节，高等教育与市场间存在密切的相关性，因此称为学术劳动力市场[197]。

根据学术劳动力市场的不同性质，它可以分为完全学术劳动力市场和不完全劳动力市场。前者供需双方以及劳动力价格间的关系由市场主导，国家对市场干预很少，雇佣关系是通过市场主导形成的一种良性竞争，表现出自由、公平和竞争的特征。后者则是供需双方以及劳动力价格间的关系并不完全由劳动力市场主导。不完全学术劳动力市场中的竞争受外部力量影响，尤其是政府力量的干预。当前，我国学术劳动力市场始终受政府干预，呈现出不完全学术劳动力市场的特点。

1. 学术劳动力市场处于不完全学术劳动力市场状态

学术劳动力市场是高校教师流动的重要宏观环境。随着高等教育市场化进程的不断加快，市场在学术人力资源配置中的决定性作用越来越突出。在"市场决定，有序流动"的基本原则下，作为人力资源主要构成的高校教师，其流动正朝着"依据市场规则、市场价格、市场竞争"的方向发展，加之一流大学和一流学科建设的开启，我国的学术劳动力市场日趋繁荣。目前，虽然我国宏观经济体制发生了转型，市场经济体制占据主导地位，但由于市场规则体系尚不成熟，学术劳动力市场竞争机制不够完善，政府对高校的干预程度仍然较高，高校教师流动仍然处于不完全学术劳动力市场状态。在不完全学术劳动力市场中，高校作为独立的社会法人，应具有面向社会独立办学、面对教师具有充分的人力资源配置的自主权利。然而现实情况是，高校的运作仍然需要接受国家宏观管理政策的指导，难以在人力资源配置过程中完全行使自主权[198]。国家对于高校教师的数量、质量以及效益始终保持着控制权，尤其是地方高校教师的聘用和解聘都要获得政府主管部门的审批，对我国学术劳动力市场的发展存在一定的影响[199]。

2. 学术劳动力市场价格机制不完善

在完全劳动力市场中，劳动力的价格受市场驱动，体现出了劳动力和岗位之间岗职匹配、按劳分配的基本原则，整体来看是公开、公平、透明的。在高等教育领域，完全学术劳动力市场中高校教师的劳动力价格由他们的专业知识垄断度和可能作出的贡献决定。对专业知识的垄断度越高、对组织的贡献越大，教师的劳动力价格就越高，也更容易成为高校间竞相争取的对象。但是，目前我国高校教师薪酬的差异是由政府和院校主导而形成的制度性差异[200]。各类高层次人才始终是评价一流大学和一流学科的参照依据。在外部评估压力和内部发展压力的双重作用下，一些高层次人才开始受到各高校和地方政府前所未有的"重视"，导致各类高层次人才成为各高校竞相争夺的对象，使得学术劳动力市场出现了不合理的价格机制。一流高校建设离不开一流师资队伍的建设。对一流师资队伍的追求是高校人事管理的重要任务之一。事实上，高校教师要发挥其科学发展和知识传播的作用，是一个多因素耦合的结果。好的科研平台、好的工作环境、好的团队均是不可或缺的因素。但是，一些高校在不具备这些条件的情况下盲目利用高薪酬、高待遇抢挖人才，忽视了真正的供需平衡，产生的最直接结果就是高校教师资源的错误配置。

（三）政策对于普通高校教师流动的影响

高校教师流动政策是政府对于高校教师流动以及相关问题价值选择的表现，是政治权力在高等教育领域的一种引申——规定什么可做和不可做、哪些应受到鼓励和哪些要受到禁止的价值选择[201]。著者在第四章中梳理了 21 世纪以来我国高校教师流动政策的演进过程。我国高校教师流动政策经历了 1999—2011 年的探索阶段和 2012 年至今的内涵发展阶段，逐渐建立起了高校教师流动的相关政策体系。然而，从总体来看，当前我国高校教师的流动政策体系仍不健全，无法有效指导高校教师的流动工作，具体表现如下。

1. 高校教师流动政策法规不完善

目前，我国尚未形成专门针对高校教师流动管理的政策体系。与高校教师流动相关的政策规定，或是参照科技人才流动政策进行管理，或是存在于部分人事管理政策中的片段式规定。最初高校教师流动管理主要参照国家科技人才的流动政策，主要是 1983 年发布的《国务院关于科技人员合理流动的若干规定》、1986 年发布的《国务院关于促进科技人员合理流动的通知》。此后，国家未再出台高校教师流动的专门性政策，其中科技人才流动政策也在 1986 年停滞，并在 2001 年被废止。

从 2013 年至 2017 年，中共中央、教育部陆续发布了多个重要的政策文件，就深化人才发展体制机制改革、引导高层次人才合理有序流动、规范高校人才引进等方面提出了明确的指导性意见。这些政策的提出对于推动我国高校教师合理有序流动具有积极意义，但由于政策的法律效力较低，同时未对高校关于引进高层次人才的不当行为提出强有力的惩处机制，仍然无法做到有效遏制地区间、高校间恶性竞争的现象。虽然，我国当前的《中华人民共和国劳动法》《中华人民共和国教育法》和《中华人民共和国高等教育法》可以在一定程度上满足高校教师流动管理的需求，但是整体上对高校教师流动更有针对性的法律法规较为有限。健全的法律法规不仅能够为高校教师有序流动提供重要的制度保障，还有助于建立秩序良好的学术劳动力市场。因此，政府应加强对高校教师流动的立法，充分发挥法律法规对高校教师有序流动的引导和规范作用。

2. 高校教师流动政策存在空白

著者通过调查发现，我国高校教师中的"潜在流动"教师群体不在少数，而且近些年这一比例呈现上升趋势。对于"潜在流动"教师群体而言，他们可能受到了某些因素的影响产生了流动想法，如发现有合适的工作机会随时发生流动行为。当前，有关高校教师流动的各项政策主要是针对教师出现实际流动行为进行的部署，缺乏对"潜在流动"教师群体的引导政策，直接结果就是"潜在流动"教师群体极易转化成实际流动群体，造成高校组织内部的人才流失和教师队伍结构失调。"潜在流动"教师群体的管理政策缺乏，可能是以下两方面原因造成的。一方面，对于"潜在流动"教师群体不易判断和把握。由于这一群体尚未发生实际流动行为，而是留存于心理层面，对于政策制定者而言很难进行把握。另一方面，高校教师流动政策缺少人文关怀。目前，已有的高校教师流动政策往往只关注政策绩效，忽略了教师个体利益，对高校教师缺乏应有的人文性关怀[202]。

3. 高校教师流动配套政策缺失

高校教师流动政策是一项系统工程。若要使政策能够有效实施，良好的政策环境和政策保障必不可少。例如，针对高校教师流动的权利和义务的法理性规定、工资政策以及相关社会保障政策等，都要求政府在政策制定的过程中针对人事部门、财政部门以及教育主管部门的职责进行相关规定。但是，当前与高校教师流动政策相配套的规则制度不够健全，导致高校教师流动政策在执行过程中由于政策体系不完善而遇到种种尴尬。

在知识经济时代，社会对于人才的渴求程度不断提高，这一现象同样存在于高等教育领域。随着我国高校教师流动频率不断加快，流动种类日益多元，同时伴随着国际化和市场化的特点，应尽快加强我国高校教师流动治理工作。但是，我国高校教师流动的相关政策体系尚未健全，导致高校教师流动中出现的种种问题无法得到有效解决，一些高校教师的不良流动行为也无法得到有效约束和遏制。因此，我国政府应根据社会发展形势对高校教师流动政策不断进行完善，及时对政策进行"废、改、立"，充分发挥宏观政策在高校教师流动中的引导作用。

『第七章』

普通高等学校教师流动
困境改善的原则和对策

高校教师合理有序流动不仅能够促进高等教育领域人力资源的优化配置，还有助于促进知识、技术的传播。然而，现实情况是，由于教师个体需求的多元化、高校组织人才引进的盲目性、区域发展的不均衡、学术劳动力市场的不完善以及高校教师流动政策体系的不健全等因素的影响，我国高校教师流动过程中出现了许多问题。有学者针对高校教师流动问题提出了治理对策，如有学者从高校角度出发，提出在面对信息失灵以及劳动力市场缺陷所导致的人才引进风险时，高校方面要承担起规避风险的主要责任[203]。虽然这些探索与建议对促进我国高校教师合理有序流动具有一定价值，但是大多数研究者将研究视野局限于高等教育领域，忽略了外界环境对高校教师流动产生的影响，导致无法从根本上解决高校教师流动困境。对此，著者尝试从政府规制、市场设计、高校制度调整、教师个体四个层面着手，多维度探索高校教师流动困境的消解策略。

一、普通高等学校教师流动困境改善的原则

在我国市场经济体制由计划经济体制转向市场经济体制的过程中，高校拥有了更多的自主人事管理权。但目前，计划经济体制的思想仍然贯穿于市场化治理行动当中，学术劳动力市场的规则体系尚未建立完全。若想促进我国高校教师合理有序流动，就要满足教师自身的各项需求，有效促进以学术为中心的高校教师自由发展，同时要发挥市场在学术资源配置中的作用，形成双向流动机制，促进高校教师分化与整合，确保高等教育系统充满活力、良性发展。本书在分析高校教师这一职业群体特征的同时，从新公共管理理论视角出发，提出高校教师流动困境改善应遵循的两个原则：一是学术本位，自由选择；二是政府引导，市场参与。

（一）学术本位，自由选择

伯顿·克拉克（Burton R. Clark）曾提出："历史上首次出现了一个真正的、存在高度竞争的国际学术界政治圈。如果你想加入其中，必须要依靠自身取得的功绩进入。无法凭借政治或者其他东西，必须提供给大学高度的自治权利，让它们可以在当今的国际竞争中快速前进。"[204] 高校教师这一职业不同于普通劳动者，这一群体属于高层次知识型劳动者，从事的是学术性工作。这一职业的属性决定

了从业者追求的不只是劳动报酬的多少，更重要的是对真理的追求和对学术的忠诚，让他们能够始终坚持地进行教育、科研和服务工作。学术工作具有不同于其他工作的特殊性。高校教师不是属于某一个高校的个人财产，而是属于一个学科的知识分子，这就决定了高校教师需要依据所从事学科的规则开展学术活动[205]。对于高校教师来说，除了可以通过职务变动、职称晋升等途径来实现个人发展外，还可以通过在学科单元中的流动来实现个人的学术发展。也就是说，高校教师基于自身发展诉求而发生的流动行为是合情合理的。

从个体角度来看，流动的权利是教师自主发展应具备的基本权利，是尊重教师自主发展的应然选择，政府必须保障教师拥有流动的基本权利。因此，政府和高校首先要给予教师充分的流动自由。从法理角度来看，专业发展权是教师应当享有的基本权利之一，自由流动是高校教师专业发展权的重要组成部分。在教育治理法治化的时代，保障高校教师发展自主权是推动高校教师流动治理的基础和前提[206]。从学术生态角度来看，没有学术流动就不会产生竞争，而适当的竞争能够促进教师在学术工作当中不断创新、获得新的突破，所以教师管理机制应该处于动态的、开放的生态系统之中[207]。

德国著名社会学家马克斯·韦伯（Max Weber）继承和发展了黑格尔关于"理性"的思想，将合理性分成工具理性和价值理性两种类型。工具理性强调对最大效率的追求，关注的是追求过程中手段的使用以及最终目的是否达到。价值理性凸显对人的关怀，关注的是人性本真的回归以及精神文明的发展。高校教师从事的是一种学术活动，活动的主要目的是促进知识的继承、传播以及革新。学术活动的目的决定了其需要遵从价值理性的导向，而遵从价值理性需要将学术自由作为精神基础。体现在高校教师流动方面，为保证学术自由，首先应满足高校教师自身的学术发展需要，回应个人需求，遵循学术活动的内在逻辑，以实现个体追求和政策目标相统一的最终目的。

我国政府在尊重高等教育领域学术自由方面已经出台了相关政策。例如，《国家中长期教育改革和发展规划纲要（2010—2020年）》提出要"尊重学术自由，营造宽松的学术环境"[208]，2014年发布的《高等学校学术委员会规程》中再一次强调要尊重学术自由[209]，说明当前学术自由已经得到国家的认可和保障。尊重学术自由就是尊重高校的使命与价值，失去学术自由高校也无法真正实现其功能，也很难为社会发展作出应有的贡献[210]。所以，高校教师流动困境改善首先应遵循"学术本位，自由选择"的原则。

（二）政府引导，市场参与

目前，学界对于高校教师流动管理存在两种倾向：一种认为政府应该出台相关政策制度对高校教师流动加以限制，避免教师流动产生的问题继续加剧[211]；另一种倾向认为，政府应当尊重并发挥学术劳动力市场的基础性作用，结束高校教师"一岗定终身"的僵化形式[212]。与此同时，政府在制定高校教师流动的相关政策时出现了互相矛盾之处：一方面，国家出台了"不鼓励东部高校从中西部高校引进人才"[213]等此类限制人才流动的政策；另一方面，在一些政策中又提出要突出市场导向，破除人才流动的障碍[214]。总而言之，我国当前对高校教师流动管理表现出"完全市场化配置"与"非市场化配置"的冲突。而对高校教师流动管理者而言，单纯的限制或放任都可能带来不良的后果，应努力平衡二者间的关系。

高校教师流动管理的"非市场化配置"主要指政府对高校教师流动的行为进行管控，具有较强的行政干预性。一直以来，我国高校的事业单位属性造成高校教师流动受到政策的限制。从理论上来说，"非市场化配置"是政府进行教师流动管理的一种具体价值选择，其目的是避免高校间的恶性竞争问题，因而通过限制教师流动的方式进行管理。从实践操作角度来说，高校教师流动的"非市场化配置"表现在方法、目的和过程三个层面。方法层面表现为在行政干预的外在限制下，教师的流动意愿受到一定程度的压制，无法根据自身需求进行自由流动。目的层面强调通过教师流动达到促进高等教育和谐稳定发展的目的。高校教师流动不仅关系教师自身的利益，还与国家和社会的利益紧密相连。若教师在流动过程中只关注自身利益，忽视国家和社会利益，很容易造成不同地区之间、不同高校之间的教师流动不平衡，导致各区域和各高校高等教育发展的差距越来越大。过程层面彰显出强烈的政府主导性，表现出政府集权化管理的特征，强调政府在高校教师流动管理中的管理者地位。

与"非市场化配置"相反，"完全市场化配置"主要表现为政府对于高校教师流动行为的放任，将高等教育人力资源配置完全交由学术劳动力市场，具有鲜明的市场主义表征。在"完全市场化配置"环境下，高校教师流动被认为是一种市场化行为，教师在市场化环境中拥有完全的自由流动权，而且政府非常尊重这种市场导向的自由流动。从实践操作角度来说，高校教师流动的"完全市场化配置"也表现在手段、目的和过程三个层面。首先，在手段上强调高校教师流动依赖于市场调节，政府的职能是确保教师拥有流动自主权；其次，在目的上强调基于自由竞争的个体自主选择，激发教师的个体能动性，最大限度满足教师个体多元化的需要，以激励教师不断增强学术积极性与创造性；最后，在过程上表现为明显的市场主导性，发挥市场主导作用配置高校人力资源，减少或避免行政权力的干预。

无论是"完全市场化配置"还是"非市场化配置"，其最终目的都是促进高校教师合理有序流动，消解高校教师的流动困境，但是单纯以"完全市场化配置"或是单纯以"非市场化配置"管理高校教师流动都可能带来不良的后果，此时就需要政府和市场的相互协作。新公共管理理论认为，政府的集权化管理使政府垄断了市场，高校由于缺乏实际的管理权使得高校管理者没有节约成本的动力，造成了 X 无效率①。若要解决 X 无效率问题，最直接有效的方法就是将市场竞争引入高等教育领域。马克思在《资本论》一书中提出了生产要素的自由流动：在资本主义商品经济环境下，劳动力和生产资料都是以商品的形式存在，目的是满足生产消费需求。劳动力在市场机制的调节下依据价值规律的要求会产生流动行为，并且这种流动排斥任何形式的权力干预，只把经济利益最大化作为导向，表现出强烈的盲目性和自由性特点[215]。在学术劳动力市场环境下，高校教师属于一种生产要素，理论上应该在市场调节下，为实现使人力资源得到最优配置的目标，依据价值规律的要求进行自由流动。对高校教师流动的管理可以学习新公共管理理

---

① X 无效率（X-Inefficiency）是美国哈佛大学教师勒伯斯坦（Leibenstein）提出的反映大企业内部效率及水平状况的一个概念。他认为大企业，特别是垄断性大企业，由于外部市场竞争压力小，内部层次多，关系复杂，机构庞大，加上企业制度安排方面的原因，企业费用最小化和利润最大化的经营目标难以实现，企业内部资源配置效率低。

论，改变政府集权式管理的运作方式，将行政管理从官僚化、科层分明转化为市场导向、具有弹性的公共管理。

在市场经济环境中，市场是资源配置的基本形式，劳动力是最重要的生产要素。党的十八届三中全会通过了《中共中央关于全面深化改革若干重大问题的决定》，明确了市场在资源配置中的决定性作用。2016 年发布的《关于深化人才发展体制机制改革的意见》中再次明确指出，要突出市场导向，充分发挥市场在人才资源配置中的决定性作用[216]。在社会主义市场经济环境下，市场在资源配置中发挥着十分重要的作用，但由于市场本身具有滞后性与盲目性，很容易造成由于过度竞争导致的高校发展差距不断拉大。随着市场在高校资源配置中的决定性作用逐渐明确，高校教师作为一种特殊资源在全国甚至全世界范围内自由流动已是大势所趋。但是，若把高校重要的人力资源——教师完全交给市场进行配置，将会进一步加剧高校教师的流动困境。所以，高校教师流动不能完全交由市场进行配置，政府应该积极发挥其宏观调控职能和监管作用，以保证高校教师合理有序地流动，不断推进高等教育的内涵式发展。

高校教师流动管理具有自身的复杂性和系统性，单纯以"非市场化配置"限制其流动或单纯以"完全市场化配置"放任其流动都可能会带来不良后果。所以，应将市场"无形的手"与政府"有形的手"相结合，以达到消解我国高校教师流动困境的最终目的。

二、普通高等学校教师流动困境改善的对策

高校教师流动是优化高等教育领域人力资源配置的重要手段，也是高校教师实现个人发展的重要途径。从微观层面看，高校教师流动是教师与高校组织之间关系的变化过程；从宏观层面看，高校教师流动是在国家的宏观调控下，学术劳动力资源在不同区域和不同高校间进行重新配置的过程。著者依据前文研究结果，分别从政府、市场、高校组织和教师个体维度探讨我国高校教师流动困境的消解对策。

（一）普通高等学校教师流动困境改善的政策调整

在社会主义市场经济环境下，高校逐渐拥有了人事管理自主权，学术劳动力

市场逐渐形成，高校教师可以根据自身发展需要在高校间自由流动。但是市场不是万能的，尤其在高等教育领域，若要完全将教师流动交给学术劳动力市场进行配置，难免会进一步加剧高校教师的流动困境。为确保高校教师合理有序流动，政府需要积极发挥其宏观调控职能。

1. 确立高校教师流动的专门性政策体系

目前，我国政府已经陆续出台了许多关于规范高校教师流动的政策，但是著者通过梳理分析发现这些政策文本中的相关描述都只是零散的、片段的表述和规定，尚未形成专门的高校教师流动政策体系，这就导致其无法有效解决我国学术劳动力市场中因高校教师流动出现的种种困境。高校教师流动是高校人力资源配置的重要内容，随着我国高校教师流动逐渐加速，高校教师流动管理已经成为高校人才队伍建设中的重要问题。所以，相关部门应尽快制定出专门性的高校教师流动管理政策体系，使高校教师流动拥有明确的、独立的政策依据。

一方面，我们可以分层次制定高校教师流动政策。有学者提出了教育政策的纵向结构，即教育政策在系统内部应被划分成上下层次，并且各个要素间应存在明确的等级关系 [217]。理论上，一个完整的政策体系应该包括三个层次：总政策、基本政策和具体政策。制定高校教师流动政策体系可以从这三个层次入手：第一层次是国务院出台的高校教师流动行政法规；第二层次是教育部出台的高校教师流动的部门规章；第三层次是地方政府出台的高校教师流动管理的具体政策。此外，需要注意的是，高校教师流动政策若要顺利实施，还需要有配套政策的支持，如财务政策、教师职称评聘政策、教师权益保障政策等，任何一项配套政策的缺失都会影响教师流动政策的有效执行。高校教师流动政策与配套政策共同构成高校教师流动政策体系，这个完整的体系对于消解我国高校教师流动困境、促进我国高校教师合理有序流动具有重要的作用。

另一方面，我们可以借鉴西方国家的高校教师流动管理体系，并立足于我国国情做出本土化调整。西方国家高校教师流动历史较长，高校教师流动管理体系也较为成熟。从西方国家的经验来看，由于政府在微观经济和市场运作中的长期努力，其市场运作机制不断成熟。与此同时，随着法律法规体系的不断健全，一个成熟的监管体系逐渐形成，引导着西方国家市场经济的良好运行[218]。截至目前，我国与高校教师流动相关的法律有《中华人民共和国劳动合同法》《中华人民共和国教育法》和《中华人民共和国高等教育法》，这些法律条款中呈现出的主要是原则性规定，有关高校教师流动可能产生的具体问题的解决策略缺乏明确的法律依据，高校与教师很难通过这些法律保障自身合法权益不受侵害。所以，我国政府需要尽快完善高校教师流动的相关法律法规。在制定高校教师流动法律法规时可以从两方面着手：第一，依据"遵循先例"的原则，即根据现有的较为科学、合理的政策以及已经在实践中形成影响的规范内容制定法律条款，避免已有政策与法律条款内容出现冲突，并使法律法规成为政策的延续。第二，立法过程应遵循循序渐进的原则[219]。在学术劳动力市场法律缺位的现实情况下，立法可以在已出台的《中华人民共和国教育法》和《中华人民共和国高等教育法》的基础上逐步增加、补充，不断完善高校教师流动的相关规范性条款，建立健全我国高校教师流动的法律法规。

2. 针对地方政府利益寻租制定约束性政策

当前，一些地方政府为利用人才数量优势获得更多"利润"，将大部分财力用于资助本地区高校"抢人""挖人"。对待地方政府的寻租行为，如若只是单纯认为这是其工作职责，那么就很容易导致地方政府的不作为[220]。对此，中央政府可以通过制定约束性政策，对地方政府的行为进行规范。具体可以从三个方面进行：第一，由国家权力机关或者地方政府的上级行政单位出台约束性政策。教育部现有的两项针对高层次人才流动的规范性政策中都没有针对地方政府寻租行为的规范内容，对此上级政府应尽快制定出约束地方政府寻租行为的具体政策，避免地方政府寻租行为继续加剧。第二，约束性政策文本内容应注意两点：一是要依据各区域经济发展需要制定合理的人才引进计划；二是为防止人才竞争价码的无限提升，各地方政府应科学配置各级人才的薪酬待遇。第三，约束性政策应秉持适度原则，做到既能够有效地约束地方政府寻租行为，又不降低地方政府在引才过程中的积极性。

（二）学术劳动力市场机制调整

市场经济的主要特征是依据市场供求规律配置资源。对于学术劳动力市场而言，构建完善的市场运行机制不仅需要政府部门制定政策予以支持，还需要市场充分发挥自身的调节作用。高校教师流动困境可以通过学术劳动力市场机制调整进行消解，具体而言可以从以下三方面着手。

1. 建立健全学术劳动力市场服务体系

建立健全学术劳动力市场服务体系是构建完善的学术劳动力市场的重要条件，更是促进高校教师合理有序流动、优化高校学术人力资源配置的必要条件。有学者指出，随着市场经济的不断发展，国家对高等教育的管理要逐步做到去行政化，在此过程中，可以利用一些中介组织服务于高等教育的发展[221]。完善的学术劳动力市场服务体系需要依托各种中介机构，其中包括市场中介机构、咨询机构、信息服务机构以及公证机构等[222]。例如，市场中介机构的存在为人才提供就业、交流的场所，可以为供求双方及时提供信息，解决学术劳动力市场存在的供求矛盾。此外，这些中介服务机构还能够在学术劳动力市场中发挥组织协调、减少市场摩擦、降低交易成本以及缩短劳动力在市场的滞留时间等作用。由此可见，对学术劳动力市场而言，中介服务组织具有重要作用。

学术劳动力市场服务体系对促使高校教师合理有序流动具有十分积极的作用，也能够为学术人才资源优化配置提供机构保障，因此，中央以及各地方政府应尽快建立健全学术劳动力市场服务体系，更好地服务于高校教师流动管理工作。

2. 建立学术劳动力市场监测机制

在高等教育领域不断市场化的今天，为确保高校教师合理有序流动，政府应当切实履行对高校教师流动的监督职能，逐步建立并完善高校教师流动的市场监测机制。具体而言可以从以下两方面着手：

第一，运用现代化技术手段，收集高校教师流动的相关数据，直观且客观地反映高校教师流动情况，为科学决策、适时调控提供现实依据。高校教师流动监测机制的重点在于对流动过程进行监控，根据高校教师流动监测指标和数据，科学地预判高校教师流动态势。与此同时，各级政府应建立各地区的高校教师流动监测指标和监测机制，并且要及时、全面地公开高校教师流动情况。另外，同层次或同类型的高校间可以建立高校教师流动信息平台，通过该平台了解高校教师流动过程中出现的异常流动行为以及存在恶性竞争行为的高校信息，使人才引进工作能够在阳光下进行。

第二，扩大政府对高校教师流动的监督职能范围。一方面，政府应将"双一流"建设总体目标作为着眼点，合理规划高校间、区域间的师资分布，并根据不同区域的实际发展情况快速、动态调整。另一方面，政府需要依据监测数据信息迅速对高校教师流动过程中出现的异常情况进行应对，尽快寻找出问题产生的根源以及可能会造成的影响，及时制定相关治理程序，避免教师流动问题不断加剧，确保高校教师流动处于合理有序的状态。

3. 遏制畸形价格在学术劳动力市场中产生消极影响

高校教师是以高深知识为中心的教育者、研究者和服务者，知识逻辑是高校教师有序流动的基本逻辑。而促进学术共同体的结构优化、知识的创新发展以及学术共享，是知识逻辑的基本目标。但是，学术资本主义造成市场和利益代替了学术逻辑，进而占据学术劳动力市场的主导地位，经济价值成为市场的最高价值[223]，导致学术劳动力市场中不断涌现各种恶性的竞争行为，需要通过调整人才政策制度遏制畸形价格的消极影响。具体来讲，可以从两个方面入手：第一，人才政策调整可以借鉴英国和美国的院士增选政策实践，使人才评选成为一种具有荣誉性和象征性的事情，逐步将与人才称号相关的资源分配、地位认可等红利分离开。同时，还要保留对科研人才配套资金的支持，使人才能够潜心学术，从源头上遏制学术劳动力市场中由畸形价格造成的消极影响。第二，提升我国高校教师薪酬待遇的整体水平，满足教师对物质生活的需求，从源头上消除高校教师因对待遇不满而产生的单纯以物质为导向的流动困境。当今学术劳动力市场的竞争不仅局限在我国内部，国际上对高校人才的竞争也十分激烈。总体来看，我国高校教师的薪酬水平在世界范围内优势并不明显[224]。所以，为保证我国高校在国际学术劳动力市场中的竞争力，需要继续提高我国高校教师的整体收入水平。

（三）组织制度调整

1. 按需引才，"外引"与"内培"并重

部分高校习惯在发展过程中或在转型升级的关键期，为实现快速突破的目标忽视自身办学定位或学科发展需要，大量招揽人才，以期利用人才在各种评比性活动中拔得头筹。这种做法不仅造成了人才浪费，还导致高校将有限的财力用在引才方面，造成了财政上的浪费。从学科建设方面来看，一个学科的建立和未来发展需要一定的基础，并非邀请几个人才就可以轻松打造一个新的学科，而是需要经过科学严谨的计划，合理地引才用才。因此，高校引进人才应该遵循学校办学和科研的基本规律，做到合理招聘人才、有效使用人才，使引进来的教师能够真正做到潜心科研、认真教学，达到高校、学科和人才三方的共赢。所以，高校在引进人才时必须结合自身的实际发展需要，制定科学合理的引才计划，使引进来的人才能够真正发挥对学科建设和学校发展的引领性作用。

高校在引才的同时还要注重对现有内部人才的培养。优质教师队伍的打造是一项长期工程，不能只依赖于"外引"人才，加强内部人才培养，打造科学的人才梯队同样重要。在内部人才培养方面，管理者要尤其注重青年教师群体。虽然青年教师刚刚进入职场，尚未积累太多的优秀经验和社会声誉，但是此时的他们往往处于学术发展创新意愿非常强烈的阶段，在工作中拥有更强的积极性和能动性。青年教师的发展代表了高校未来的发展方向和前景，高校要为青年教师创造良好的发展环境，如定期给青年教师提供国外研修、国内进修的学习机会，促进青年教师群体快速成长。因此，高校管理者应该将青年教师的培养工作放在与人才"外引"工作同样重要的位置，甚至要更加重视内部人才的培养。

2. 建立科学晋升机制，平衡教学与科研之间的关系

调查发现，我国高校教师晋升面临两个较大的问题：一是每年职称晋升名额有限，"职称拥堵"问题越来越严重，导致许多已达到晋升标准的教师迟迟不能晋升；二是评审标准单一，将取得科研成果的多寡作为教师能否晋升的重要指标，忽视教学型教师在工作中的种种付出。一些高校教师在晋升过程中遇到这些问题时难免心生怨怼，会对正常的教学科研工作产生负面影响，严重者则会选择离职，流动到其他能够使其顺利晋升的高校。这种现象十分不利于高校教师队伍的和谐稳定，高校管理者应及时做出调整，避免因职称晋升受阻导致教师不断流失。

首先，就"职称拥堵"现象而言，为规范职称评审，2017年，《高校教师职

称评审监管暂行办法》出台，指出要将我国高校教师职称评审权下放至高校。高校应依照中央深化职称制度改革安排，充分结合本校的组织定位、发展目标以及教师队伍建设规划，制定出符合本校情况的教师职称评审办法和操作方案[225]。我国高校教师的职称评审办法逐渐由过去政府主管的统一性标准过渡到符合学校特色的多样化标准，符合高校发展的差异化需求。高校在拥有教师职称评审权的同时应把握好不同学科的差异，针对教师队伍的多样性，制定出符合学校师资队伍实际需求的评审标准，特别要注意不能使用"一刀切"的方法创建教师的职称评审标准。为避免因晋升渠道不畅导致人才流失，高校还应尽快建立完善、畅通的教师晋升途径。例如，在高校教师职称评审权下放的背景下，增加每年职称评定配比份额，或者取消每年职称评定人数上限，完全以晋升标准作为评定的决定性指标，破除非专业性因素对已达到晋升条件教师的发展障碍。

此外，教学与科研是高校的首要职能，以教学为中心、科研为导向是高校正确处理教育与科研之间关系的基本原则。但是，一些高校仍然习惯于以论文数量、课题数量等作为教师的评价标准和晋升指标，忽视了教学型教师的工作成果。在这种"唯论文、唯科研"的导向下，高校开始出现"教授不授、讲师不讲"的非正常现象。教学与科研应该始终保持辩证统一的关系，构建教学与科研等效的评价机制。美国学者纳尔福认为，在高校中教学和科研的关系可以视为一个向右倾的抛物线，当科研处在较低水平时，科研的增长会引起教学质量的提高，但是在到达一个极限时，科研会挤占教学的资源和时间，导致教学质量下滑[226]。因此，高校要依据自身的办学特色和办学定位辩证地看待教学和科研的关系，在实际工作中要正确把握二者间的"度"，避免将正常教学所需的资源和时间让位给科研，致使教学质量下降。高校可以通过构建科研和教学的等效评价体系，保证教学在高校中的核心地位，避免科研工作过分挤占教学资源，以及忽视教学型教师的工作成果。近些年，教学型教授开始受到高校的认可，如华中师范大学在2017年发布了《教学型教授职称评定工作实施方案》，专门设置了教学型教授岗位。其他高校可以借鉴这种做法，建立教学型教授和科研型教授两种晋升途径，使教师能够全身心地投入教学工作，有效保障高校的教育教学质量。

3. 改善高校工作条件，加强"人本管理"思想

高校教师的教学与科研活动需要依托特定的物理、技术环境，良好的工作条件有益于教师开展创造性的工作，更好地为学校服务。为帮助教师完成正常的教学、科研工作，高校需要提供最基本的保障条件。首先，高校必须保证现有硬件教育教学设备齐全且能够正常运行，避免由于设备原因阻碍教师正常的教学科研进度。其次，在财力范围内，高校还要逐步改善校园环境、办公环境等工作条件，使教师的日常教学与科研工作能够得到更好的保障。

为更好地服务教师的日常工作，学校管理者还要增强"人本管理"意识。这种管理思想要求做到充分尊重员工、关心员工、理解员工，使组织成员感受到在组织中的主体地位，能够为实现组织目标不断努力[227]。著者在访谈中发现，许多教师表达了对学校管理工作的不满，如有教师表示他们要花费大量时间处理办公报表、经费管理等琐碎事物，严重影响了教学与科研工作；还有教师表示其所在高校的管理层较难沟通，教师自由度十分有限，缺乏对学校的归属感等。高校的发展离不开教师的付出，为使教师充分感受到自己在组织中的主体地位，高校应在日常管理工作中充分向教师授权，使教师在感受到自身地位受到认可后将组织目标与个人目标相结合，努力实现组织目标[228]。具体而言，高校可以从以下几点出发：第一，鼓励教师参与学校日常管理，让教师能够在学校重大决策中拥有更多话语权，从而激发教师工作的积极性。第二，加强制度建设，通过制定章程界定各利益方的本职工作，避免因职责不清使教师承担额外的行政性工作。第三，针对不同教龄教师群体采取灵活的管理风格。著者通过分析发现，不同教龄的教师对待学校管理方面的态度存在显著差异。例如，"60后""70后"的学校管理者往往更加强调服从和权威，这种管理风格与追求平等自由的青年教师存在一定冲突。对此，高校管理者应尽量建立与青年教师间的合作与平等关系，避免因管理风格的差异导致管理者与教师之间产生非良性互动。

4. 构建和谐人际关系，营造良好工作氛围

人际关系是人与人之间借由思想、行为和感情的互动交往而形成的互动关系。每个个体的背景、思想、个性和价值观存在较大差异，所以人际关系对每个人产

生的影响也不完全相同。著者在调查中发现，部分高校教师在日常人际关系方面的确存在一定问题，这对其流动也存在不容忽视的影响。比如，学校管理者布置给教师本职工作以外的任务，虽然教师内心不愿接受，但由于"位差效应"只能服从，这在一定程度上造成教师与管理者关系不和谐；教师与教师虽然属于同一层级的同事关系，但他们之间存在职称晋升竞争、工资级别差异等，也会影响相互间的平等交往关系。调查发现，对教师而言，不和谐的人际关系一般不会成为影响其是否流动的决定因素，但是在其做出是否流动的决策过程中，不和谐的人际关系会对其最终决策产生较大的附加影响。所以，人际关系建设问题是高校管理中不能回避的问题。要避免因恶劣的人际关系问题增加教师的不满情绪，高校管理者可以从以下几方面着手：第一，在教师与管理者的关系上，要努力营造公开、公正、公平的交往环境，要求管理者在日常工作中做到对待每位教师一视同仁。第二，在教师与教师的关系上，要加强教师间的交流和沟通。不仅要注意增加教师之间的交往频率，还要注意增加互相间的交往深度。高校管理者可以利用党团活动、教研室活动等渠道，组织各类学习、培训和参观活动，增加教师之间相互沟通的机会。总而言之，高校中的人际关系是影响教师流动的一个不容忽视的问题，管理者应注重引导学校内部人际关系朝着健康、和谐的方向发展，不断增强教师归属感，避免教师因人际关系不和谐而流失。

（四）个体自律

高校教师是流动的主体，也是流动的内因。高校教师的有序流动在很大程度上需要依赖高校教师的自我调适。对此，高校需要不断加强对高校教师的职业道德培育，提升教师整体诚信水平。

高校教师这一职业需要德才兼备者居之，有德无才者无法担当，有才无德者也不能胜任。在复杂的经济社会中充斥着物质主义、功利主义思想，教师的职业师德面临严峻考验。一些高校教师在流动过程中完全秉持利己主义原则，由此引发了无序流动现象，影响了高校内部正常的教学秩序，甚至阻碍了我国高等教育的健康发展。在"双一流"建设背景下，一些高校为了吸引更多人才以高额报酬作为筹码，致使某些教师在外界利益的诱导下出现价值取向偏差，为了获得更大的利益不惜频繁跳槽。当前，我国创新投入力度不断加大，有限的公共资源在科技与人才领域不断累积，这种累积伴随着非均衡态；同时，随着我国劳动法的深入贯彻实施，体制内部的人才流动不再受限。但当前，完善的职业道德体系还未形成，在高等教育领域，为促进高校教师有序流动，需要不断加强高校教师职业道德建设。具体可以尝试从以下三方面着手：第一，培养教师诚实守信的职业道德和爱岗敬业的责任心。高校在招聘人才时要更加重视职业道德评估，对于一些想要利用频繁流动获取更多利益的教师要坚决拒绝。第二，教育部应建立高校教师信息共享平台，详细记录教师的任职履历、职业轨迹等。用人单位在招聘时就可以依据这些记录对教师的职业诚信情况进行评估，同时也倒逼教师不断进行自我约束，避免教师流动中可能存在的不诚信行为，确保"守信者得益，失信者受损"[229]。第三，高校教师要树立正确的价值观。正确的价值观能够有效引导教师的思想和行为，对于教师的职业稳定性和工作积极性具有重要影响。衡量教师的价值观应同时从社会和个体两个方面进行，如果只关注社会对个人需要的满足，则易造成功利主义；如果只注重个人对社会的责任和义务，也无法达到充分调动教师工作积极性的目的。

综上所述，面对当下我国普通高等学校教师流动过程中存在的种种困境，需要遵循"学术本位，自由选择；政府引导，市场参与"的原则，通过宏观政策、学术劳动力市场、高校组织以及教师个体的共同努力去进行消解。需要注意的是，对于我国普通高等学校教师的流动，并非要一味阻止，而是要探究如何促进高校教师合理有序流动，从而实现促进不同学术思想的交流与融合、促进高等教育资源的优化配置、促进我国高等教育在国际高等教育领域地位不断提升的最终目标。

结

语

从中华人民共和国成立后到改革开放的一段时期内，我国普通高等学校教师流动都由严格的行政制度所控制，高校教师基本没有自主流动的权利。进入 21 世纪后，随着市场经济的不断发展，我国高校开始拥有自主人事权，高校教师的流动自主性也随之不断增强。此后，在高校扩招、"985 工程""211 工程"院校建设、多轮本科教学评估、"双一流"建设等一系列高等教育领域改革的影响下，建设高水平教师队伍已经成为各所高校管理工作的重要内容。高校对人才的渴求和竞争日益激烈，致使高校教师流动速度逐渐加快，并随之出现了一些问题。高校教师流动不仅与教师自身利益密切相关，还与高校甚至是地方利益密切相关。所以，高校教师流动问题逐渐成为人们关注的焦点。国家相关管理部门已经意识到促进高校教师合理有序流动的重要性，也制定了一系列措施促进高校教师合理有序流动。如 2017 年，教育部办公厅发布了《关于坚持正确导向促进高校高层次人才合理有序流动的通知》，缓解欠发达地区人才流失问题。在这些政策的加持下，高校教师流动问题虽然得到了一定的解决，但现实情况仍然不尽如人意。由于我国关于高校教师流动的制度和体制不完善，高校教师在相对自由流动的过程中仍然存在许多问题。所以，如何有效促进我国高校教师合理有序流动，使其成为我国高等教育发展的推动力量，开始成为许多研究者关注的热点。

一、研究结论

在我国普通高等学校教师流动数量逐渐增加、流动速度逐渐加快、流动现象逐渐多元的背景下，高校教师流动过程中显现出一些流动问题与困境，需要通过科学的方法与途径进行缓解。在研究过程中，著者对国内外已有研究成果进行了梳理与分析，了解现有研究不足，然后通过多角度、多层面调查，力求做到理论研究与实证研究相补充、质化研究与量化研究相结合，对我国高校教师流动问题进行深入探究。具体而言，著者通过各高校官网收集我国高校教师的简历，建立"普通高等学校教师流动样本数据库"，依托该数据库对我国高校教师的流动现象与现存困境进行了分析。通过分析发现我国高校教师流动呈现出如下特征：高校教师流动距离呈现"近距离化"；高校教师流动方向呈现"单向性"；高层次人才流动呈现"频繁化"。与此同时，我国高校教师流动存在如下困境：普通高等学校教师流动程度不足；区域发展不平衡加剧了教师流动的"马太效应"；存在"身份至上"的形式主义；"潜在流动"教师群体比例攀升。我国高校教师流动存在的这些困境如果不能够得到有效缓解，势必会影响高校教师队伍建设，阻碍高等教育的健康发展。所以，为探究解决高校教师流动困境的途径，本书继续对高校教师流动的影响因素以及哪些因素引发了高校教师流动困境进行了调查和分析。

影响高校教师流动的因素是多元而复杂的，为了能够更加深入全面地了解高校教师流动的各类影响因素，著者利用访谈法和问卷法对我国高校教师流动的影响因素进行调查，同时对引发高校教师流动现实困境的因素进行深入分析。研究发现，在教师个体层面，影响其流动的因素包括经济因素、未来发展因素和家庭责任因素。其中，经济因素对高校教师流动的影响最为强烈。从推拉理论角度来看，高校教师流动同时受到流出高校的推力和流入高校的拉力作用，在这两个作用力下，经济因素会对高校教师流动产生影响。但利用结构方程模型进行的分析结果发现，从流出高校角度看，经济因素并非影响高校教师流动的首要因素，也就是说，即便教师对所在高校的薪酬待遇不满，也不会直接选择离开；而从流入高校角度来看，经济因素是高校教师流入的首要影响原因。这就解释了为何一些高校会通过高薪酬、高待遇吸引人才。在我国区域发展不均衡的背景下，经济相对发达的地区能够为教师提供更加优越的经济条件，而经济发展相对落后的地区缺乏经济上的优势。经济发达地区的一些高校提出高额条件引进优秀人才，扰乱了学术劳动力市场的正常秩序，加剧了高校教师在区域上单向流动的现实困境。在高校层面，流出高校和流入高校都存在影响教师流动的因素。流出高校的工作条件、组织管理以及人际关系都在不同程度上影响着高校教师流动；流入高校的组织声望和人才引进工作对高校教师流动也存在显著影响。在区域层面，我国地域辽阔，各区域自然环境、经济发展和政治环境存在差异，这是造成高校教师单向流动无法忽视的自然因素。此外，还有一些人为因素也时刻影响着高校教师的流动方向。例如，一些地方政府为了能够更好地完成中央下达的任务、获得更好的业绩排名，往往会在中央政府设立的目标上层层加码，这种不顾自身发展需求，仅仅为了在"晋升锦标赛"中获得优胜的做法，导致学术劳动力市场秩序出现混乱，严重影响高校教师的合理有序流动。在市场层面，我国的学术劳动力市场机制仍不完善，究其原因：政府对学术劳动力市场的干预仍然存在，政府和高校主导学术劳动力市场的价格，都在某种程度上造成了高校教师流动困境。在政策层面，我国高校教师流动政策法规不完善、高校教师流动配套政策缺失等也是造成高校教师流动困境的重要原因。

二、研究建议

在对我国普通高等学校教师流动现状、困境以及影响因素进行分析后，著者认为若想消解我国高校教师流动困境，促进我国高校教师合理流动，需要各利益主体的通力协作。对此，本书基于新公共管理理论，提出高校教师困境改善首先要遵循的原则——"学术本位，自由选择；政府引导，市场参与"。著者从政府、市场、高校和教师几个层面提出了如下对策：第一，在政策层面，我国关于高校教师流动这一问题尚未形成专门的政策体系，目前高校教师流动相关的政策都只是零散的、片段的表述和规定，无法有效指导我国高校教师流动行为，也难以约束高校教师流动的不规范行为，所以政府部门要尽快确立专门的高校教师流动政策体系。同时，针对一些地方政府的利益寻租行为，要尽快制定约束性政策，避免地方政府间恶意争抢人才，导致高校教师流动困境进一步加剧。第二，在学术劳动力市场层面，对于我国学术劳动力市场不健全的问题，首先要加快学术劳动力市场服务体系建设，其次要建立学术劳动力市场监测机制，遏制畸形价格机制在学术劳动力市场中的消极影响，达到完善学术劳动力市场的最终目的。第三，在高校层面，高校在引进人才时要根据院校需求科学引进人才，不能忽视实际需要盲目开展人才数字工程建设；高校管理者应该注重人才的内培工作，重视对青年教师团队的培养，使其逐渐成为教师队伍的中坚力量；高校还要注重内部制度调整，通过建立科学的晋升机制、改善高校工作条件、营造和谐人际关系等方式增强教师对学校的归属感，减少教师因对学校不满而发生流动的情况。第四，在高校教师个体层面，教师自身要注重自我约束，高校管理者也要加强对高校教师的职业道德培育，提升教师整体诚信水平，从根源上避免高校教师流动困境出现。

普通高等学校教师流动是一个十分复杂的社会现象，影响高校教师流动的因素也是动态且多元的。探寻我国高校教师流动规律，促进高等教育领域人力资源优化配置是一个需要长期坚持的工程。本书虽然对我国高校教师流动现状、困境、影响因素及高校教师流动困境改善对策等方面做了一些抛砖引玉的研究工作，但不可能对我国高校教师流动每个方面的问题都做出十分透彻的研究。著者认为，关于高校教师流动需要在以下几点继续拓展研究。

（一）样本数据需要进一步扩充

科学的研究结论应该以研究样本的异质性和充足性为前提。在数量上，本书通过问卷调查获得的有效样本数量可以满足各种统计软件对数据数量的要求，但对整个高校教师群体来说，本书的样本数量还需要进一步扩充，从而使研究结论有更广阔的应用空间。为保证样本的异质性，著者调查了不同年龄、不同性别、不同学历和不同婚姻状况的高校教师群体，但本书的样本主要来源于东北地区和华北地区的高校，在地域上的多样性还有待提高。未来研究可以在全国范围内进行大样本收集，大样本不但可以概括更加全面的信息，而且在分析过程中会有更好的表现。

（二）高校教师流动困境及消解对策需要进一步系统化、专门化

影响高校教师流动的因素十分复杂，不同时代、不同国家、不同地区、不同高校、不同个体的流动影响因素不尽相同，所以未来需要更加系统化和专门化的深入研究。系统化指的是对高校教师流动的原因加以系统性研究，从个体到高校，到区域，到国家，乃至到不同时代，从政治、经济、文化到市场等多个方面进行研究，做到整体与局部、宏观与微观、此时与彼时的统一。专门化指的是进行分门别类的研究。例如：在区域上可以针对人才流失较为严重的东北、西部地区进行研究；在高校层次上可以针对某一类高校的教师流动情况进行研究，以更加准确地界定问题，提出更有针对性的策略。

（三）在全球化背景下我国高校教师流动研究要放眼国际

随着经济全球化的不断深入，我国高等教育领域不但鼓励本国人才走出去，还加大了引进国外人才的力度，我国高校教师流动也必将呈现新的局面。在新的人才竞争环境下，我国高等教育领域的教师流动情况会发生哪些变化、出现哪些问题，需要进一步研究。

促进高校教师合理有序流动不是教师、高校、学术劳动力市场和政府某一方改变就能够解决的事情，也不是一蹴而就的事情，关于高校教师流动问题的研究仍需要在未来继续深入探究。

参考文献

[1] 国家中长期教育改革和发展规划纲要（2010—2020 年）[EB/OL].（2010-07-29）[2024-06-30]. http://www.moe.gov.cn/srcsite/A01/s7048/201007/t20100729_171904.html.

[2] 刘进,沈红,庞海芍.全球大学教师流动在加速吗:基于两次全球学术职业调查数据的分析[J]. 比较教育研究,2015（8）:100-106.

[3][70][97][151][223] 李志峰.漂移的学术:当代中国高校教师流动 [M].北京:知识产权出版社, 2020.

[4] 王迪钊."双一流"建设背景下高校教师合理流动问题及对策研究:基于生态位的视角 [J]. 教育发展研究,2017(21):52-57.

[5][13] 段从宇,伊继东.高校教师流动的本质内涵及合理性判别:兼论"双一流"建设背景下的 高校引才 [J].高校教育管理,2019（3）:89-96.

[6] DOHLMAN L, DIMEGLIO M, HAGG J, et al. Global brain drain: How can the Maslow theory of motivation improve our understanding of physician migration? [J]. International Journal of Environment Research and Public Health,2019（7）:1182.

[7] 董树军."双一流"建设背景下高校教师流动及其治理[J].高等教育研究,2018（10）: 63-67.

[8][50] THEODORE C, REECE J M. The academic marketplace[M]. New York: Basic Books, 1991.

[9] 刘进,沈红.大学教师流动影响因素研究的文献述评:语义、历史与当代考察[J].现代大学 教育,2015（3）:78-85.

[10][14][53][136] 蒋国河.中国高校教师流动三十年[J].江西财经大学学报,2009（6）:115-120.

[11][96] 王慧英.我国高校教师流动政策研究:基于制度分析的视角 [D].长春:东北师范大学, 2012.

[12][55][196] 戴建波.地方高校教师流动的价值取向研究 [D].武汉:华中科技大学,2017.

[15] 靳希斌.教育经济学 [M].北京:人民教育出版社,2009.

[16] 齐子萍.我国高校人才流动问题研究 [D].济南:山东大学,2007.

[17] 李友芝.中外师范教育辞典 [M].北京:中国广播电视出版社,1994.

[18] 谢延龙.教师流动论 [M].南京:南京师范大学出版社,2016.

[19][135] ALTBACH P G. Perspectives on internationalizing higher education[J].International Higher Education, 2002（27）:29-31.

[20][25][137][146][157] 张曦琳,田贤鹏."双一流"建设中的教师流动治理:挑战、困境与举措 [J]. 高教探索,2020（3）:108-114.

[21][44] 丁煜,胡悠悠.高校教师流动:向上流动的失序和向下流动的失灵 [J].高教探索,2018(6): 96-100.

[22][23] 刘金松.高校教师流动的合理性冲突及限度建构 [J].教师教育研究,2017,29（6）:53-58.

[24] 张茂聪,李睿.人力资本理论视域下高校教师的流动问题研究 [J].高校教育管理,2017,11

（5）：1-6.

[26] 曾先锋.当前我国高校教师流动的理性分析[J].江苏高教，2017（8）：49-52.

[27][28][67] 周海涛，景安磊.高校教师流动难的制度瓶颈和调整对策[J].江苏高教，2014（5）：34-37.

[29] 教育部.教育部办公厅关于坚持正确导向促进高校高层次人才合理有序流动的通知[EB/OL].(2017-01-25)[2024-03-05].http://www.moe.gov.cn/srcsite/A04/s7051/201701/t20170126_295715.html.

[30] 樊华强.论聘任制视野下高校教师流动自由权[J].黑龙江高教研究，2013，31（6）：9-11.

[31][184] 廖志琼，李志峰，孙小元.不完全学术劳动力市场与高校教师流动[J].江汉论坛，2016(8)：110-113.

[32][41][59] ROSSER V J. Faculty members' intentions to leave: A national study on their worklife and satisfaction [J]. Research in Higher Education, 2004（3）：285-309.

[33] HECK, R. H., JOHNSRUD, L. K., & ROSSER, V. J.. Administrative effectiveness in higher education: Improving assessment procedures[J]. Research in Higher Education, 2000: 41(6), 663–684.

[34] RAUSCH D K, ORTIZ B P, DOUHITT R A, et al. The academic revolving door: Why do women get caught? [J]. Cupa Journal, 1989（1）：1-16.

[35][142] 谷志远.我国学术职业流动影响因素的实证研究：基于"学术职业的变革 - 中国大陆"问卷调查[J].清华大学教育研究，2010（3）：73-79.

[35][141] AMBROSE S, HUSTON T , NORMAN M. A qualitative method for assessing faculty satisfaction[J]. Research in Higher Education，2005（7）：803-830.

[36][48] EHRENBERG R, KASPER H, REES D. Faculty turnover at American colleges and universities: Analyses of AAUP data[J]. Economics of Education Review，1990（2）：99-110.

[38][43][49] MCGEE G W, FORD R C. Faculty research productivity and intention to change positions[J]. The Review of Higher Education，1987（1）：1-16.

[39] BARNES L L B, AGAGO M O, COOMBS W T. Effects of job-related stress on faculty intention to leave academia[J]. Research in Higher Education，1998（4）：457-469.

[40][46] PFEFFER J, LAWLER J. Effects of job alternative, extrinsic rewards, and behavioral commitment on attitude toward the organization: A field test of the insufficient justification paradigm[J]. Administrative Science Quarterly，1980（23）：38-56.

[42] BLACKBURN R T, HAVIGHURST R J. Career patterns of U.S. male academic social scientists[J]. Higher Education，1979（8）：553-572.

[45] 乐国林.高校师资横向流动类型及其多角度剖析[J].湖南师范大学教育科学学报，2005(6)：52-56.

[47][57] SMART J C. A casual model of faculty turnover intentions[J]. Research in Higher Education,

1990（5）：405-424.

[51] LOWELL L. HARGENS, WARREN O. Hagstrom, Sponsored and contest mobility of American academic scientists[J]. Sociology of Education，1967（40）：24-38.

[52] CRANE D. The academic marketplace revisited: A study of faculty mobility using the carter ratings[J].The American Journal of Sociology，1970（6）：953-964.

[54] 邹琨 . 高校师资合理有序流动的机制研究 [D]. 扬州：扬州大学，2005.

[56] COTTON J L, TUTTLE J M. Employee turnover: A meta-analysis and review with implications for research[J]. Academy of Management Review，1986（11）：55-70.

[58] ZHOU Y. Examining the influences on faculty departure intentions: A comparison of tenured versus nontenured faculty at research universities using NSOPF-99[J].Research in Higher Education，2004（45）：139-176.

[60] 阎凤桥 . 大学组织与治理 [M]. 北京：同心出版社，2006.

[61][64][183] 李立国 . 建立合理有序的高校教师流动机制研究 [J]. 国家教育行政学院学报，2010（1）：49-53.

[62] 龙献忠，周晶，董树军 . 高校教师流失治理：基于"退出 - 呼吁 - 忠诚"理论视角 [J]. 高等教育研究，2014（6）：46-51.

[63] 蔡卫中，李兴国 . 高校教师流动：合理性及其制度创新 [J]. 湖北社会科学，2004（4）：121-122.

[65] 夏薇，张秀萍 . 美国高校师资流动机制及对我国的启示 [J]. 高等理科教育，2006（2）：47-51.

[66] 徐淑凤，陈桂英，苏宝利 . 我国高校教师流失问题的原因及对策研究 [J]. 东岳论丛，2004（2）：203-205.

[68] 伊尔亚·普里戈金，伊·斯唐热 . 从混沌到有序：人与自然的新对话 [M]. 曾庆宏，沈小峰，译 . 上海：上海译文出版社，2005.

[69] 杨廷茂，李天鹰 . 从耗散结构理论看高校教师流动 [J]. 继续教育研究，2009（10）：100-102.

[71][229] 戴建波 . 人性假设理论视阈下地方高校教师流动的影响因素及管理对策 [J]. 大学教育科学，2016（3）：58-63.

[72] 蔡卫中，李兴国 . 高校教师流动：合理性及其制度创新 [J]. 湖北社会科学，2004（4）：121-122.

[73] 庄玲玲 ."博弈论"视野下的高校教师流动 [J]. 内蒙古师范大学学报（教育科学版），2007（5）：151-153.

[74] 黑格尔 . 逻辑学 [M]. 北京：商务印书馆，1996.

[75] 米红，刘海峰 . 高等教育大众化发展模式的国际比较暨中国高等教育主要历史指标数值重建 [J]. 理工高教研究，2022（1）：16-20.

[76] 李长吉，金丹萍．个案研究法研究述评 [J]．常州工学院学报（社科版），2011（6）：107-111.

[77] 威尔·杜兰特．哲学的故事 [M]．蒋剑峰，张程程，译．北京：新星出版社，2013.

[78] PRICE J L. The study of turnover[M].Ames:Iowa State University Press,1977.

[79] 黄英忠．人力资源管理 [M]．台北：三民书局，1997.

[80] MOBLEY W H. Emplyee turnover: cause, consequences and control[M]. Menlo Park: Addison-Wesley Publishing Company,1982.

[81] 中华人民共和国教育部．教育部关于"十三五"时期高等学校设置工作的意见 [EB/OL]. (2017-02-04)[2024-03-05].http://www.moe.gov.cn/srcsite/A03/s181/201702/t20170217_296529. html.

[82] 范并思．图书馆阅读推广的合理性审视 [J]．图书情报工作，2017（23）：34-39.

[83] 高慧．高校教师流动的社会融入：院校、学科、市场 [J]．大学教育科学，2019（1）：40-46.

[84] 康翠萍．高校学科建设的三种形态及其政策建构 [J]．高等教育研究，2015（11）：37-41.

[85] 张德祥．高校一流学科建设的关系审视 [J]．教育研究，2016（8）：33-39.

[86] 宣勇．建设世界一流学科要实现"三个转变" [J]．中国高教研究，2016（5）：1-6.

[87] 张鑫，吕敏．高校人力资源优化配置的经济学分析：以吉林省属重点高校为例 [J]．税务与经济，2016（6）：106-110.

[88] 段从宇，伊继东．高校教师流动的本质内涵及合理性判别：兼论"双一流"建设背景下的高校引才 [J]．高校教育管理，2019（3）：89-96.

[89] 姜秀丽，石岩．员工流动管理 [M]．济南：山东人民出版社，2004.

[90] 孟令熙．高新技术企业研发人才流动研究 [D]．上海：东华大学，2011.

[91] 温星衍．发达国家城市人口规模和人口流动模式的转变 [J]．人口学刊，1987（5）：1-7.

[92] RAVENSTEIN E G. The laws of migration[J]. Journal of Statistical Society of London, 1885(2): 167-235.

[93] BOGUE D J. Principles of demography[M]. New York: John Wiley and Sons, 1969.

[94] EVERETT S L. A theory of migration[J]. Springer of Behalf on the Population Association of America，1966（3）：47-57.

[95] 李志峰，魏迪．高校教师流动的微观决策机制：基于"四力模型"的解释 [J]．高等教育研究，2018（7）：39-45.

[98] 道格拉斯·麦格雷戈．企业的人性面 [M]．北京：中国人民大学出版社，2008.

[99] 王凤彬，李东．管理学 [M]．北京：中国人民大学出版社，2000.

[101] 郭咸纲．西方管理思想史 [M]．北京：经济管理出版社，2002.

[101] 乔治·梅奥．工业文明的人类问题 [M]．陆小斌，译．北京：电子工业出版社，2013.

[102] 马斯洛．马斯洛论管理 [M]．邵冲，苏曼，李校怀，等，译．北京：机械工业出版社，2021.

[103] 薛恩.组织心理学 [M].余凯成,译.北京:经济管理出版社,1987.

[104] 陈振明.政府再造:公共部门管理改革的战略与战术 [J].东南学术,2002(5):16-22.

[105] Hood C. A public management for all season[J]. Public Administration,1991(69):3-19.

[106] 欧文·E.休斯.公关管理导论 [M].张威福,等,译.北京:中国人民大学出版社,2015.

[107] 赵景来."新公共管理"若干问题研究综述 [J].国家行政学院学报,2001(5):72-77.

[108] 陈振宜.要重视调整师资队伍结构问题 [J].高等教育研究,1986(4):90.

[109] 许美德.中国大学1895—1995:一个文化冲突的世纪 [M].许洁英,译.北京:教育科学出版社,2000.

[110] 教育部发展规划司.中国教育统计年鉴(1999—2009)[G].北京:人民教育出版社,2000-2010.

[111] 郭书剑.人才计划与学术劳动力市场分割 [J].苏州大学学报(教育科学版),2018(3):53-61.

[112] 黄海刚,连洁,曲越.高校"人才争夺":谁是受益者?——基于"长江学者"获得者的实证分析 [J].北京师范大学学报(社会科学版),2018(5):39-52.

[113] 王瀛.从资源配置视角看高校教师竞争与流动的互动发展 [J].黑龙江高教研究,2008(6):74-76.

[114] 李志峰,谢家建.学术职业流动的特征与学术劳动力市场的形成 [J].教育评论,2008(5):11-15.

[115] 中华人民共和国中央人民政府.关于加快推进事业单位人事制度改革的意见 [EB/OL].(2000-07-21)[2024-03-07].http://www.gov.cn/gongbao/content/2000/content_60418.html.

[116] 刘献君.中国高校教师聘任制研究:基于学术职业管理的视角 [M].北京:科学出版社,2009.

[117] 熊俊峰.大学教师薪酬结构研究 [D].武汉:华中科技大学,2014.

[118] 中华人民共和国中央人民政府.国家中长期人才发展规划纲要(2010-2020年)[EB/OL].(2010-06-06)[2024-03-07].http://www.mohrss.gov.cn/SYrlzyhshbzb/zwgk/ghcw/ghjh/201503/t20150313_153952.htm.

[119] 中华人民共和国人力资源和社会保障部.关于加快发展人力资源服务业的意见 [EB/OL].(2014-12-25)[2024-03-07].http://www.mohrss.gov.cn/xxgk2020/fdzdgknr/jy_4208/rlzyscjg/202011/t20201102_394468.html.

[120] 中华人民共和国教育部.教育部关于全面提高高等教育质量的若干意见 [EB/OL].(2012-03-16)[2024-03-07].http://www.moe.gov.cn/srcsite/A08/s7056/201203/t20120316_146673.html.

[121] 中华人民共和国中央人民政府.中华人民共和国国务院令第652号 [EB/OL].(2014-05-15)[2024-03-07].http://www.gov.cn/zhengce/content/2014/05/15/content_8810.htm.

[122] 李立国.取消编制高校迎来放权面临挑战 [N].光明日报,2016-02-23(13).

[123] 中华人民共和国教育部.教育部办公厅关于进一步加强和规范高校人才引进工作的若干意见 [EB/OL].(2013-12-24)[2024-03-07].http://www.moe.gov.cn/srcsite/A04/s8132/201312/t20131224_169941.html.

[124][155] 中华人民共和国教育部.教育部办公厅关于坚持正确导向促进高校高层次人才合理有序流动的通知 [EB/OL].(2017-01-25)[2024-03-07].http://www.moe.gov.cn/srcsite/A04/s7051/201701/t20170126_295715.html.

[125] 中华人民共和国教育部.教育部教师工作司 2017 年工作要点 [EB/OL].(2017-01-24)[2024-03-07].http://www.moe.gov.cn/s78/A10/tongzhi/201701/t20170124_295674.html.

[126][214] 中华人民共和国教育部.中共教育部党组关于加快直属高校高层次人才发展的指导意见 [EB/OL].(2017-07-31)[2024-03-07].http://www.moe.gov.cn/srcsite/A04/s8132/201708/t20170821_311528.html.

[127] 中华人民共和国教育部.教育部等六部门关于加强新时代高校教师队伍建设改革的指导意见[EB/OL].(2021-01-04)[2024-03-07].http://www.moe.gov.cn/srcsite/A10/s7151/202101/t20210108_509152.html.

[128] 新闻中心.教育部:西部高校高层次人才所在聘期流出 取消称号和经费支持 [EB/OL].(2021-12-27)[2024-03-08].https://www.eol.cn/news/meeting/202112/t20211227_2195990.shtml.

[129] 青海省科学技术厅.关于撤销王明强等 39 人人才称号的通知 [EB/OL].(2021-12-03)[2024-03-08].http://kjt.qinghai.gov.cn/content/show/id/8344.

[130] 魏文松.我国教育法治建设的核心内涵、实践历程与前景展望 [J].现代教育管理,2021(1):100-106.

[131] 黄少安.制度变迁主体角色转换假说及其对中国制度变革的解释:兼评杨瑞龙的"中间扩散型假说"和"三阶段论"[J].经济研究,1999(1):68-74.

[132] 卢现祥.新制度经济学 [M].武汉:武汉大学出版社,2011.

[133] 陈兴德,陈凤菊.改革开放以来我国高校教师流动政策变迁研究 [J].教育与考试,2020(6):76-82.

[134] 陈先哲.重识大楼之谓与大师之谓 [N].光明日报,2017-05-02(13).

[138][140][145] DEBRA A B , JAMES W H. The effect of job mobility on academic salaries[J]. Contemporary Economic Policy, 2001(4):409-423.

[139] MARWELL G, RACHEL R, SEYMOUR S. Geographic constraints on women's careers in academia[J]. Science, 1979, 205(4412): 1225-1231.

[143][150] 吴培群.大学教师流动的实证研究:基于大数据的国际比较 [M].北京:科学出版社,2017.

[144] 赵宏斌,刘念才,梁妮,等.我国高校的区域分布研究:基于人口、GDP 的视角 [J].高等教育研究,2007(1):43-49.

[147][154][197] 刘进 . 大学教师流动与学术劳动力市场 [M]. 北京：商务印书馆，2015.

[148] 徐建华，吴琼 . 高校教师流动调查 [J]. 教育与职业，2010（34）：44-46.

[149] 郭洪林，甄峰，王帆 . 我国高等教育人才流动及其影响因素研究 [J]. 清华大学教育研究，2016（1）：69-77.

[152] 吕文晶，刘进 . 中国"工科类"大学教师的流动：一项大数据分析 [J]. 技术经济，2018（1）：44-49.

[153] 阿特巴赫 . 全球高等教育趋势：追踪学术革命轨迹 [M]. 姜有国，等，译 . 上海：上海交通大学出版社，2010.

[156] VONGALIS-MACROW A, ARBER R. Mobile teachers: Becoming professional mobile educators in the marketization of education[M]. Berlin: Springer-Verlag, 2015：631-640.

[158] STEEL R P , OVALLE N K. A review and meta-analysis of research on the relationship between rehavioral intentions and employee turnover[J]. Journal of Applied Psychology, 1984（69）：673-686.

[159] 杜嫱，刘鑫桥 . 高校教师离职倾向及学术权力感知的作用：基于"2016 年全国高校教师发展调查"的实证分析 [J]. 中国高教研究，2019（9）：48-53.

[160] 吴明隆 . 问卷统计分析实务：SPSS 操作与应用 [M]. 重庆：重庆大学出版社，2010.

[161] 陈向明 . 质的研究方法与社会科学研究 [M]. 北京：教育科学出版社，2017.

[162] GLASER B G, STRAUSS A L. The discovery of grounded theory: Strategies for qualitative research[M]. Chicago: Aldine，1967：123-128.

[163] WILLING C, STAINTON-ROGERS W . The sage handbook of qualitative research in psychology[M]. London: Sage, 2008.

[164] DOLL W J, XIA Weidong,TORKZADEH G .A confirmatory factor analysis of the end-user computing satisfaction instrument[J]. Management Information Systems Research Center, 1994（4）：453-461.

[165] 休谟 . 人性论 [M]. 关文运，译 . 北京：商务印书馆，2004.

[166] 恩特斯·卡西尔 . 卡西尔论人是符号的动物 [M]. 石磊，译 . 北京：中国商业出版社，2016.

[167] 亚当·斯密 . 国民财富的性质和原因的研究：下卷 [M]. 郭大力，王亚南，译 . 北京：商务印书馆，1974.

[168] 埃德加·沙因 . 沙因组织心理学 [M]. 马红宇，王斌，译 . 北京：中国人民大学出版社，2009.

[169] 陈思明 . 论现代薪酬管理的理念及其特点 [J]. 同济大学学报（社会科学版），2004（2）：70-75.

[170] MATIER M W. Retaining faculty: A tale of two campuses[J]. Research in Higher Education, 1990（1）：39-60.

[171][172] MANGER T, EIKRLAND O. Factors predicting staff's intentions to leave the university[J]. Higher Education, 1990（3）：281-291.

[173] 柴如瑾,晋浩天."挖"人才创一流的隐忧:高校人才"孔雀东南飞"现象透视 [N].光明日报, 2017-03-20（1）.

[174][187] 毛建青,侯春笑,张凤娟,等.中美大学校长职业特征的比较研究 [J].江苏高教,2020(7): 16-23.

[175] STEPHAN P E, FRANZONI C, SCELLATO G. International competition for PhDs and postdoctoral scholars: what does (and does not) matter[J]. Innovation Policy and the Economy, 2015（1）：73-113.

[176] 蒋春燕.知识型员工流动研究 [J].中国人才，2001（7）：30-31.

[177] 道格拉斯·麦格雷戈.企业的人性面 [M].韩卉，译.北京:中国人民大学出版社，2008.

[178] COLE J P. Fair science: Women in the scientific community[M]. New York: Free Press, 1979.

[179] W.理查德·斯科特,杰拉尔德·F.戴维斯.组织理论:理性、自然、开放系统的视角 [M].高俊山，译.北京:中国人民大学出版社，2011.

[180] 彼得德鲁克.管理:任务、责任和实践 [M].余向华,陈雪娟,张正平,译.北京:华夏出版社，2007.

[181] BLACKBURN R , CHARLES B, DAVID H . Research note: Correlates of faculty publication[J]. Sociology of Education，1978（51）：132-141.

[182] ESORENSEN G, ORT S, CWEINSTEIN A. Faculty mobility in baccalaureate and higher degree nursing programs in research I and II universities[J]. Journal of Professional Nursing, 1985(3): 138-182.

[183] 阎光才.学术等级系统与锦标赛制 [J].北京大学教育评论，2012（3）：8-23.

[184] 张凤娟,宣勇.我国大学学术人力资源配置分析 [J].高等工程教育研究，2010（2）：59-62.

[188] 段从宇,伊继东.高校教师流动的本质内涵及合理性判别:兼论"双一流"建设背景下的高校引才 [J].高校教育管理，2019（3）：89-96.

[189] 孙涛.困境与出路:"双一流"建设视域下的高校教师流动 [J].北京社会科学，2020（6）：37-45.

[190][194] 苟学珍.激励性法律规制:面向要素市场化的高校教师流动治理策略 [J].中国高教研究，2021（8）：92-99.

[191] 方瑜，欧阳志云,郑华，等.中国人口分布的自然成因 [J].应用生态学报，2012（12）：3488-3495.

[192] 武博.当代中国人才流动 [M].北京:人民出版社，2005.

[193][198] 张靖雯.中国经济的地区差异分析 [J].财经界，2019（31）：44-45.

[195] 王保华.高等教育地方化研究新视野 [M].青岛:中国海洋大学出版社，2007.

[199] 周黎安.中国地方官员的晋升锦标赛模式研究 [J].经济研究，2007（7）：36-50.

[200] 吴坚.高等教育运行机制的市场化改革与高校运作模式的创新 [J].扬州大学学报，2001（4）：3-7.

[201] 刘复兴.教育政策的价值分析 [M].北京：教育科学出版社，2003.

[202] 叶志敏.新时期高校人才流动的现状及对策 [J].扬州大学学报（高教研究版），2003（1）：39-41.

[203] 范冬清.大学高层次人才引进风险：影响因素与对策建议 [J].高等教育研究，2014（6）：39-45.

[204] 伯顿·克拉克.建立创业型大学：组织上转型的途径 [M].王承绪，译.北京：人民教育出版社，2007.

[205] 樊华强.论聘任制视野下高校教师流动自由权 [J].黑龙江高教研究，2013（6）：9-11.

[206] 黑建敏.高校教师流动过程涉及法律问题的思考 [J].河南师范大学学报（哲学社会科学版），2010（2）：261-263.

[207] 田贤鹏.取消高校教师事业编制管理的理性之思 [J].教师教育研究，2017（1）：42-46.

[208] 中华人民共和国教育部.国家中长期教育改革和发展规划纲要 (2010—2020 年)[EB/OL].(2010-07-29)[2024-03-10].http://www.moe.gov.cn/srcsite/A01/s7048/201007/t20100729_171904.html.

[209] 中华人民共和国教育部.高等学校学术委员会规程 [EB/OL].(2014-01-29)[2024-03-10].http://www.moe.gov.cn/srcsite/A02/s5911/moe_621/201401/t20140129_163994.html.

[210] 劳凯声.创新治理机制、尊重学术自由与高等学校改革 [J].教育研究，2015（10）：10-17.

[211] 刘金松.高校教师流动的合理性冲突及限度建构 [J].教师教育研究，2017（6）：53-58.

[212] 孙丽昕.我国高校教师何以流不动：基于西方国家高校教师流动机制的分析 [J].河北师范大学学报（教育科学版），2013（12）：38-44.

[213][216] 中华人民共和国中央人民政府.关于深化人才发展体制机制改革的意见 [EB/OL].(2016-03-21)[2024-03-10].http://www.gov.cn/zhengce/2016-03/21/content_5056113.htm.

[215] 王暖春，李爱华《资本论》中生产要素自由流动思想及其当代启发 [J].人民论坛，2015(20)：199-201.

[217] 陈学飞.教育政策研究基础 [M].北京：人民教育出版社，2011.

[218] 王健，王红梅.中国特色政府规制理论新探 [J].中国行政管理，2009（3）：36-40.

[219][220] 徐娟，贾永堂.大学高层次人才流动乱象及其治理：基于政府规制与市场设计理论的探析 [J].高校教育管理，2019（3）：97-106.

[221] 房剑森.高等教育发展论 [M].南宁：广西师范大学出版社，2010.

[222] 李雪萍.论劳动力自由流动的条件和劳动力市场 [J].四川师范大学学报（哲学社会科学版），1996（4）：15-19.

[224] ALTBACH P G, REISBBERG L, YUDKEVICH M, et al. Paying the professoriate: A global comparison of compensation and contracts[M]. New York: Routledge, 2012.

[225] 中华人民共和国教育部.高校教师职称评审监管暂行办法 [EB/OL].(2017-10-20)[2024-03-10].http://www.moe.gov.cn/srcsite/A10/s7030/201711/t20171109_318752.html.

[226] 董友,于建朝,胡宝民.高等学校教学与科研关系研究现状及对策 [J].河北师范大学学报(哲学社会科学版),2007(2):155-160.

[227] 段维龙.企业文化与人本管理 [M].北京:北京大学出版社,2009.

[229] 李久学.高校教师信用共享平台建设问题研究 [J].法制与社会,2017(19):202-203.